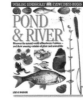

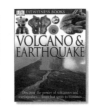

Guías Visuales
PÁJARO

Ala de faisán

Huevo de cuervo

Huevo de arao

Huevo de urraca

Nido de lavandera

Ala de ánade

Tectriz de cola de pavo real

Plumas de periquito
australiano

Huevo   Huevo
de   de
acentor carbonero

Guías Visuales
PÁJARO

Escrito por
DAVID BURNIE

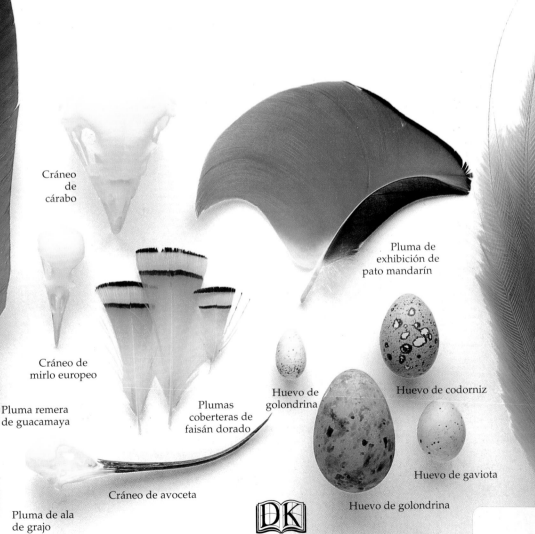

Cráneo
de
cárabo

Pluma de
exhibición de
pato mandarín

Cráneo de
mirlo europeo

Huevo de codorniz

Huevo de
golondrina

Pluma remera
de guacamaya

Plumas
coberteras de
faisán dorado

Huevo de gaviota

Cráneo de avoceta

Plumas de
exhibición
de ave de
paraíso

Huevo de golondrina

Pluma de ala
de grajo

DK

DK Publishing, Inc.

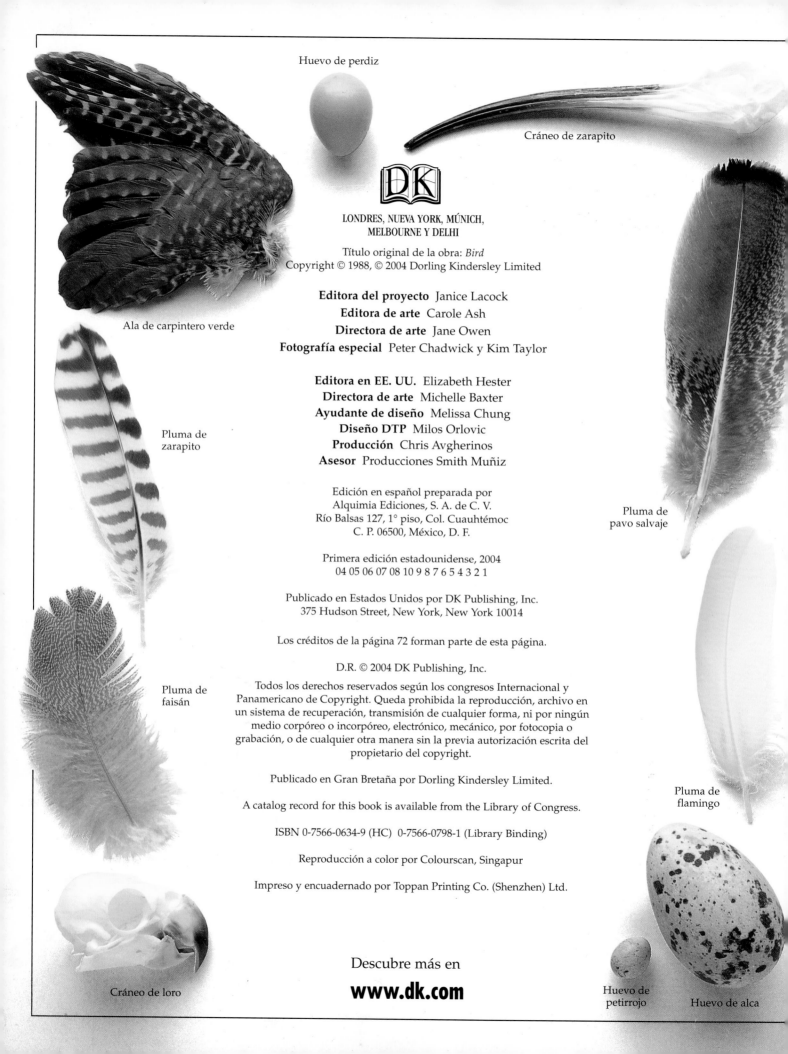

Huevo de perdiz

Cráneo de zarapito

Ala de carpintero verde

Pluma de zarapito

Pluma de pavo salvaje

Pluma de faisán

Pluma de flamingo

Cráneo de loro

Huevo de petirrojo

Huevo de alca

DK

LONDRES, NUEVA YORK, MÚNICH,
MELBOURNE Y DELHI

Título original de la obra: *Bird*
Copyright © 1988, © 2004 Dorling Kindersley Limited

Editora del proyecto Janice Lacock
Editora de arte Carole Ash
Directora de arte Jane Owen
Fotografía especial Peter Chadwick y Kim Taylor

Editora en EE. UU. Elizabeth Hester
Directora de arte Michelle Baxter
Ayudante de diseño Melissa Chung
Diseño DTP Milos Orlovic
Producción Chris Avgherinos
Asesor Producciones Smith Muñiz

Edición en español preparada por
Alquimia Ediciones, S. A. de C. V.
Río Balsas 127, 1° piso, Col. Cuauhtémoc
C. P. 06500, México, D. F.

Primera edición estadounidense, 2004
04 05 06 07 08 10 9 8 7 6 5 4 3 2 1

Publicado en Estados Unidos por DK Publishing, Inc.
375 Hudson Street, New York, New York 10014

Los créditos de la página 72 forman parte de esta página.

Publicado en Gran Bretaña por Dorling Kindersley Limited.

A catalog record for this book is available from the Library of Congress.

ISBN 0-7566-0634-9 (HC) 0-7566-0798-1 (Library Binding)

Reproducción a color por Colourscan, Singapur

Impreso y encuadernado por Toppan Printing Co. (Shenzhen) Ltd.

Descubre más en

www.dk.com

Contenido

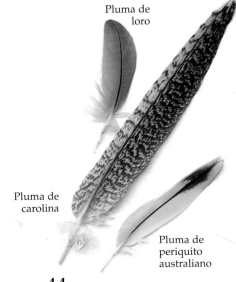

Pluma de loro

Pluma de carolina

Pluma de periquito australiano

Del dinosaurio al pájaro

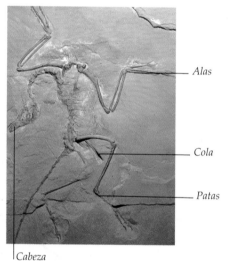

Archaeopteryx, el ave primitiva

HACE 200 MILLONES DE AÑOS, cuando los insectos eran los únicos animales voladores, una pequeña criatura, similar a una lagartija, dejó de escabullirse entre los árboles donde vivía y empezó a planear. Hizo esto con pequeños colgajos de piel que actuaron como paracaídas y, desde este inicio, reptiles gigantes alados, llamados *pterosaurios*, evolucionaron gradualmente. Pero las alas membranosas tenían desventajas: era difícil doblarlas al estar en tierra, y si se rompían, la posibilidad de que el animal volviera a volar era muy poca. La respuesta de la evolución a este problema fue la pluma. En 1861, se descubrió uno de los fósiles de animales más famosos del mundo, *Archaeopteryx*. Aunque vivió hace más de 150 millones de años, cuando los pterosaurios estaban aún en apogeo, los fósiles muestran que este animal del tamaño de un cuervo tenía muchas plumas. Por desgracia, nada se sabe sobre los descendientes inmediatos del *Archaeopteryx*. Lo que es seguro es que cuando los pterosaurios se extinguieron misteriosamente junto con los dinosaurios, hubo un gran aumento de especies de pájaros. Hoy, más de 8,500 especies pueblan el cielo.

EL ESLABÓN PERDIDO

Los cinco fósiles del *Archaeopteryx* encontrados en Alemania en 1861, proceden de un área que estuvo inundada por el mar. Al morir los animales, sus cuerpos se cubrieron rápidamente con cieno, tan fino, que preservó no sólo el perfil de los huesos, sino también el de las plumas. Durante millones de años, este cieno comprimido se convirtió en piedra caliza, y al ser excavada reveló fósiles preciosos. En este fósil, las alas y las patas, parecidas a las de un ave, se ven con claridad, así como los dientes y la cola de reptil. Es probable que el *Archaeopteryx* evolucionara de dinosaurios chicos, que corrían erguidos en lugar de caminar en cuatro patas.

Alas

Cola

Patas

Cabeza

MANTENER EQUILIBRIO

Comparadas con muchos animales, las aves son compactas. Sus piernas, alas y pescuezo son estructuras ligeras. Las partes pesadas, en particular los músculos de alas y piernas, se hallan alrededor de la caja torácica y la espina dorsal, lo que permite al ave permanecer en equilibrio en vuelo y en tierra.

Vista frontal de esqueleto de cuervo

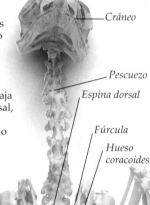

Cráneo

Pescuezo

Espina dorsal

Fúrcula

Hueso coracoides

Caja torácica

Huesos de la pierna

EXPERIMENTO EVOLUTIVO

Los fósiles muestran que los pterosaurios fueron exitosos en su era, pero se extinguieron hace 65 millones de años. No tenían relación directa con las aves modernas.

TAN MUERTO COMO EL DODO

El dodo, aquí representado en el famoso encuentro ficticio con Alicia, la heroína de Lewis Carroll en *A través del espejo y lo que Alicia encontró ahí*, fue una de muchas aves extinguidas por el hombre. El dodo era un ave que no podía volar. Originaria de Madagascar e islas vecinas en el océano Índico, se extinguió a finales del siglo XVII. Las aves voladoras también han sufrido a manos del hombre. La última paloma viajera murió en 1914, cuando 100 años antes la especie formaba parvadas que rebasan el millardo.

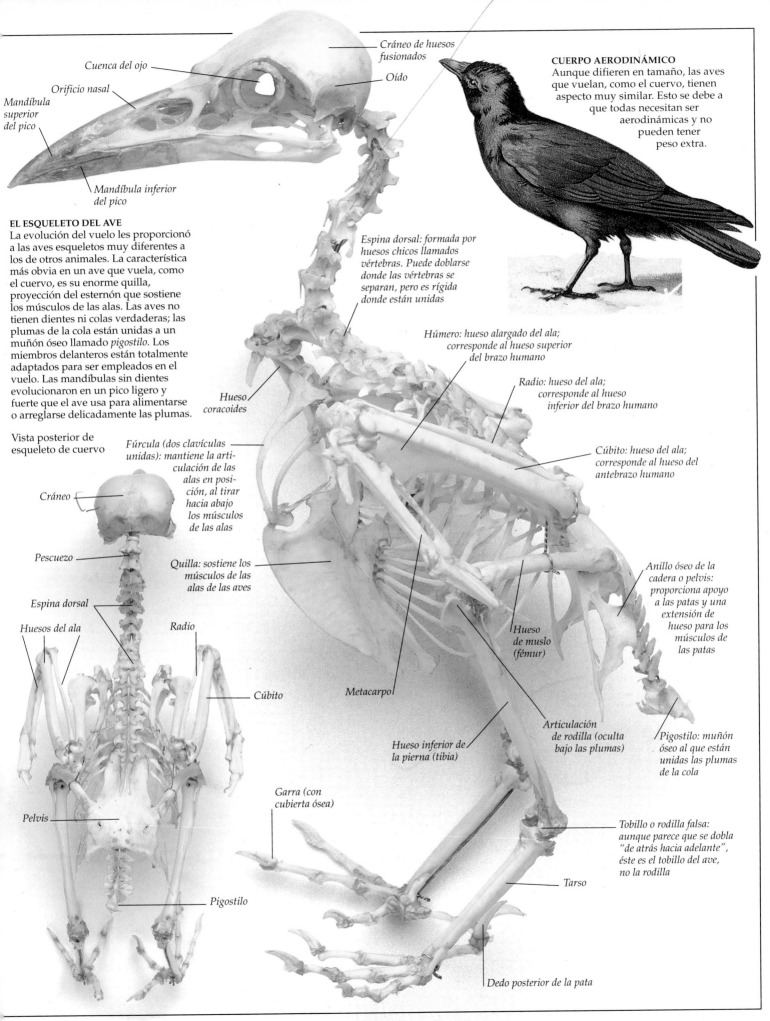

Cuenca del ojo

Orificio nasal

Mandíbula superior del pico

Cráneo de huesos fusionados

Oído

Mandíbula inferior del pico

CUERPO AERODINÁMICO
Aunque difieren en tamaño, las aves que vuelan, como el cuervo, tienen aspecto muy similar. Esto se debe a que todas necesitan ser aerodinámicas y no pueden tener peso extra.

EL ESQUELETO DEL AVE
La evolución del vuelo les proporcionó a las aves esqueletos muy diferentes a los de otros animales. La característica más obvia en un ave que vuela, como el cuervo, es su enorme quilla, proyección del esternón que sostiene los músculos de las alas. Las aves no tienen dientes ni colas verdaderas; las plumas de la cola están unidas a un muñón óseo llamado *pigostilo*. Los miembros delanteros están totalmente adaptados para ser empleados en el vuelo. Las mandíbulas sin dientes evolucionaron en un pico ligero y fuerte que el ave usa para alimentarse o arreglarse delicadamente las plumas.

Espina dorsal: formada por huesos chicos llamados vértebras. Puede doblarse donde las vértebras se separan, pero es rígida donde están unidas

Húmero: hueso alargado del ala; corresponde al hueso superior del brazo humano

Radio: hueso del ala; corresponde al hueso inferior del brazo humano

Cúbito: hueso del ala; corresponde al hueso del antebrazo humano

Hueso coracoides

Vista posterior de esqueleto de cuervo

Fúrcula (dos clavículas unidas): mantiene la articulación de las alas en posición, al tirar hacia abajo los músculos de las alas

Cráneo

Pescuezo

Quilla: sostiene los músculos de las alas de las aves

Espina dorsal

Huesos del ala

Radio

Cúbito

Metacarpo

Hueso de muslo (fémur)

Anillo óseo de la cadera o pelvis: proporciona apoyo a las patas y una extensión de hueso para los músculos de las patas

Articulación de rodilla (oculta bajo las plumas)

Pigostilo: muñón óseo al que están unidas las plumas de la cola

Hueso inferior de la pierna (tibia)

Pelvis

Garra (con cubierta ósea)

Pigostilo

Tobillo o rodilla falsa: aunque parece que se dobla "de atrás hacia adelante", éste es el tobillo del ave, no la rodilla

Tarso

Dedo posterior de la pata

Grupo animal

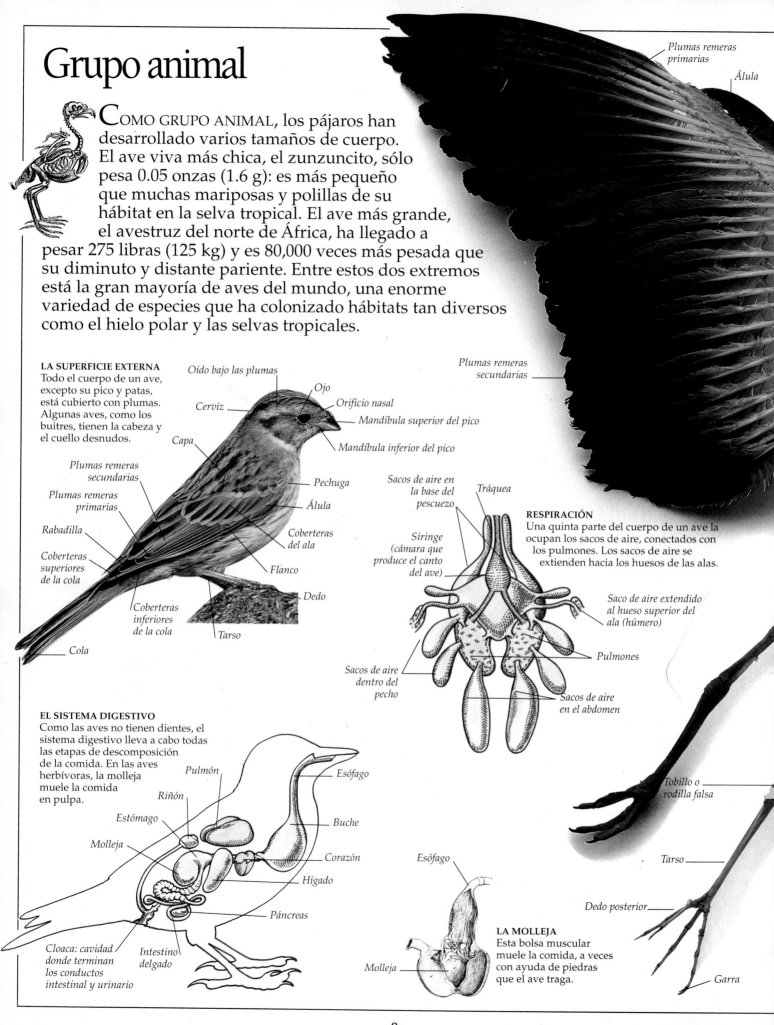

COMO GRUPO ANIMAL, los pájaros han desarrollado varios tamaños de cuerpo. El ave viva más chica, el zunzuncito, sólo pesa 0.05 onzas (1.6 g): es más pequeño que muchas mariposas y polillas de su hábitat en la selva tropical. El ave más grande, el avestruz del norte de África, ha llegado a pesar 275 libras (125 kg) y es 80,000 veces más pesada que su diminuto y distante pariente. Entre estos dos extremos está la gran mayoría de aves del mundo, una enorme variedad de especies que ha colonizado hábitats tan diversos como el hielo polar y las selvas tropicales.

Plumas remeras primarias

Álula

Plumas remeras secundarias

LA SUPERFICIE EXTERNA
Todo el cuerpo de un ave, excepto su pico y patas, está cubierto con plumas. Algunas aves, como los buitres, tienen la cabeza y el cuello desnudos.

Oído bajo las plumas

Ojo

Cerviz

Orificio nasal

Mandíbula superior del pico

Capa

Mandíbula inferior del pico

Plumas remeras secundarias

Pechuga

Plumas remeras primarias

Álula

Rabadilla

Coberteras del ala

Coberteras superiores de la cola

Flanco

Dedo

Coberteras inferiores de la cola

Tarso

Cola

Sacos de aire en la base del pescuezo

Tráquea

RESPIRACIÓN
Una quinta parte del cuerpo de un ave la ocupan los sacos de aire, conectados con los pulmones. Los sacos de aire se extienden hacia los huesos de las alas.

Siringe (cámara que produce el canto del ave)

Saco de aire extendido al hueso superior del ala (húmero)

Pulmones

Sacos de aire dentro del pecho

Sacos de aire en el abdomen

EL SISTEMA DIGESTIVO
Como las aves no tienen dientes, el sistema digestivo lleva a cabo todas las etapas de descomposición de la comida. En las aves herbívoras, la molleja muele la comida en pulpa.

Pulmón

Esófago

Riñón

Estómago

Buche

Molleja

Corazón

Hígado

Páncreas

Cloaca: cavidad donde terminan los conductos intestinal y urinario

Intestino delgado

Esófago

Molleja

LA MOLLEJA
Esta bolsa muscular muele la comida, a veces con ayuda de piedras que el ave traga.

Tobillo o rodilla falsa

Tarso

Dedo posterior

Garra

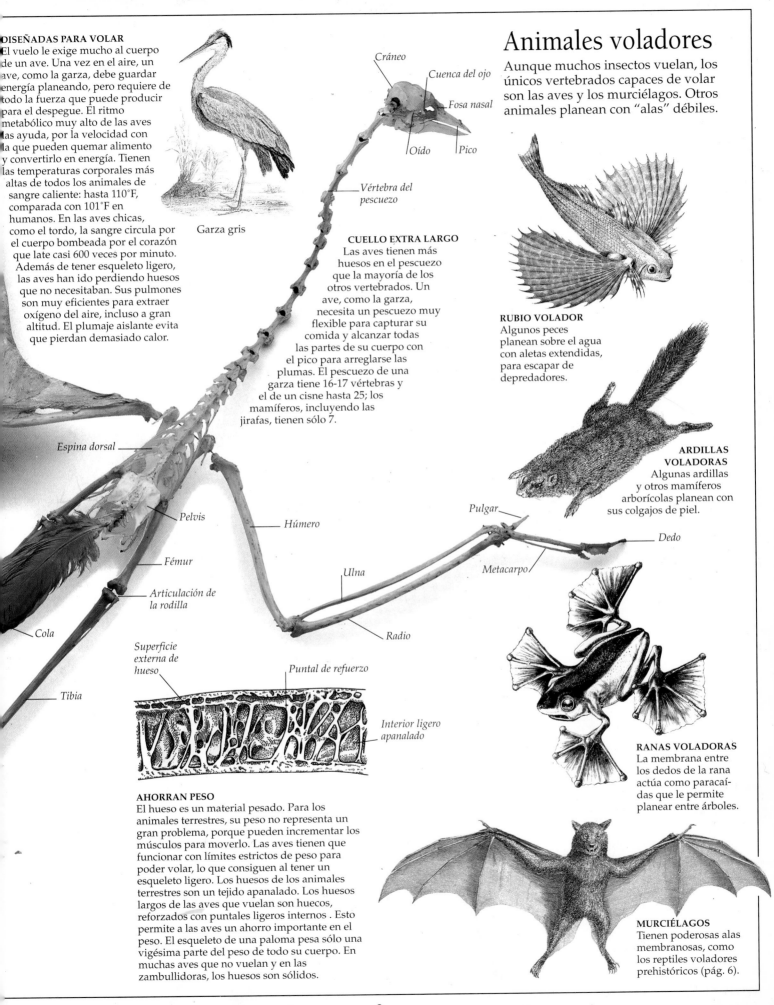

DISEÑADAS PARA VOLAR
El vuelo le exige mucho al cuerpo de un ave. Una vez en el aire, un ave, como la garza, debe guardar energía planeando, pero requiere de todo la fuerza que puede producir para el despegue. El ritmo metabólico muy alto de las aves las ayuda, por la velocidad con la que pueden quemar alimento y convertirlo en energía. Tienen las temperaturas corporales más altas de todos los animales de sangre caliente: hasta 110°F, comparada con 101°F en humanos. En las aves chicas, como el tordo, la sangre circula por el cuerpo bombeada por el corazón que late casi 600 veces por minuto. Además de tener esqueleto ligero, las aves han ido perdiendo huesos que no necesitaban. Sus pulmones son muy eficientes para extraer oxígeno del aire, incluso a gran altitud. El plumaje aislante evita que pierdan demasiado calor.

Garza gris

Cráneo

Cuenca del ojo

Fosa nasal

Oído

Pico

Vértebra del pescuezo

CUELLO EXTRA LARGO
Las aves tienen más huesos en el pescuezo que la mayoría de los otros vertebrados. Un ave, como la garza, necesita un pescuezo muy flexible para capturar su comida y alcanzar todas las partes de su cuerpo con el pico para arreglarse las plumas. El pescuezo de una garza tiene 16-17 vértebras y el de un cisne hasta 25; los mamíferos, incluyendo las jirafas, tienen sólo 7.

Animales voladores

Aunque muchos insectos vuelan, los únicos vertebrados capaces de volar son las aves y los murciélagos. Otros animales planean con "alas" débiles.

RUBIO VOLADOR
Algunos peces planean sobre el agua con aletas extendidas, para escapar de depredadores.

ARDILLAS VOLADORAS
Algunas ardillas y otros mamíferos arborícolas planean con sus colgajos de piel.

Pulgar

Dedo

Metacarpo

Espina dorsal

Pelvis

Húmero

Fémur

Ulna

Articulación de la rodilla

Radio

Cola

Tibia

Superficie externa de hueso

Puntal de refuerzo

Interior ligero apanalado

RANAS VOLADORAS
La membrana entre los dedos de la rana actúa como paracaídas que le permite planear entre árboles.

AHORRAN PESO
El hueso es un material pesado. Para los animales terrestres, su peso no representa un gran problema, porque pueden incrementar los músculos para moverlo. Las aves tienen que funcionar con límites estrictos de peso para poder volar, lo que consiguen al tener un esqueleto ligero. Los huesos de los animales terrestres son un tejido apanalado. Los huesos largos de las aves que vuelan son huecos, reforzados con puntales ligeros internos. Esto permite a las aves un ahorro importante en el peso. El esqueleto de una paloma pesa sólo una vigésima parte del peso de todo su cuerpo. En muchas aves que no vuelan y en las zambullidoras, los huesos son sólidos.

MURCIÉLAGOS
Tienen poderosas alas membranosas, como los reptiles voladores prehistóricos (pág. 6).

9

Las alas

SÓLO ALGUNOS ANIMALES (insectos, murciélagos y pájaros) pueden volar y, entre estos tres, las aves son los voladores más grandes, veloces y poderosos. El secreto de su éxito está en el diseño de sus alas. El ala de un pájaro es ligera, fuerte y flexible. Está ligeramente curvada de adelante hacia atrás, lo que produce un perfil "aerodinámico" que literalmente tira del ave hacia arriba cuando aletea en el aire. Aunque el tamaño y la forma de las alas varían de acuerdo con el estilo de vida de cada ave, todas comparten el mismo diseño, que mostramos en el ala de un búho.

HASTA EL LÍMITE
Las alas de un ave soportan el peso de ésta, más equipaje ligero como comida y materiales para el nido. Cargas más pesadas, como pasajeros humanos, no son posibles.

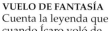

VUELO DE FANTASÍA
Cuenta la leyenda que cuando Ícaro voló de Creta a Grecia, se elevó muy cerca del sol y la cera que sostenía sus plumas se derritió. Las aves que vuelan a gran altura tienen que enfrentar problemas diferentes y más reales: aire poco denso, escasez de oxígeno y frío intenso.

ÁLULA
Este grupo de plumas se mantiene abierto en vuelo lento para evitar perder velocidad.

MÍMICA MECÁNICA
Un anatomista brillante, Leonardo da Vinci, utilizó su conocimiento sobre las alas de las aves para diseñar máquinas que imitaran su vuelo. Reemplazó los huesos con madera, los tendones con cuerdas y las plumas con velas de lona. Hasta donde se sabe, ninguno de estos aparatos fue más allá de su tablero de dibujo. Habrían sido demasiado pesados para volar.

VUELOS FRACASADOS
Los heroicos hombres pájaro de antaño no comprendieron que el aleteo en el vuelo siempre estará más allá del poder de los músculos humanos. El verdadero vuelo del hombre sólo se logró con la invención de la hélice.

REMERAS PRIMARIAS
Las plumas "primarias" producen la fuerza para el vuelo cuando el ave baja las alas. Las primarias externas se usan como mecanismo de dirección, como los alerones del ala de un avión.

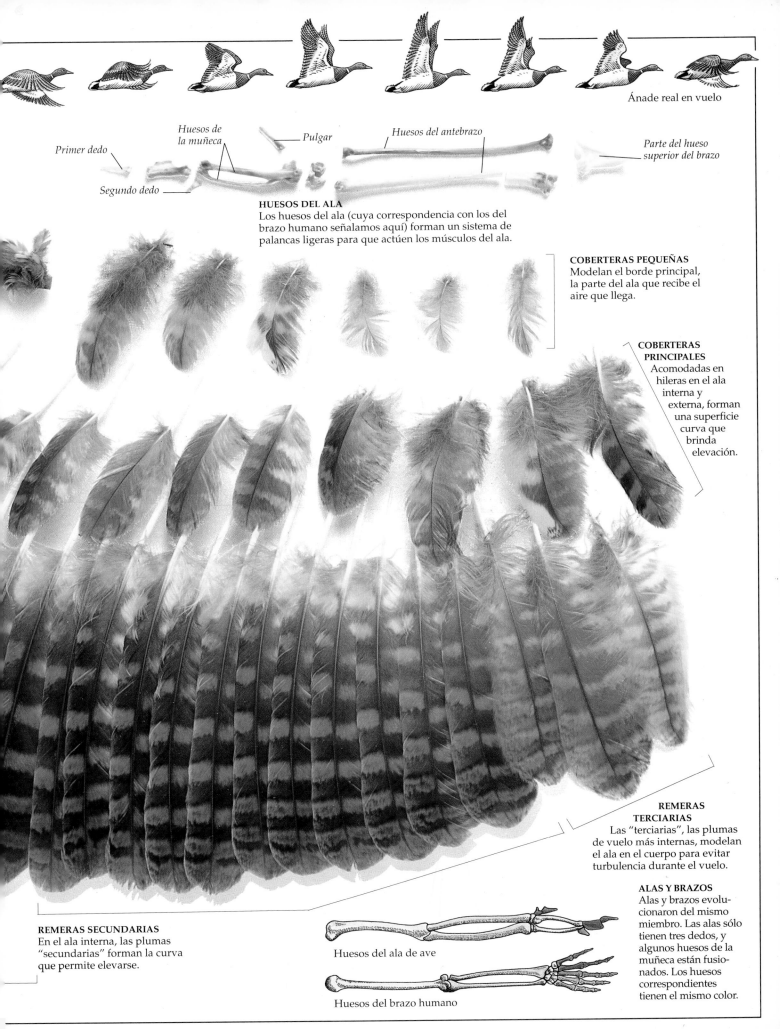

Ánade real en vuelo

Primer dedo

Huesos de la muñeca

Pulgar

Huesos del antebrazo

Parte del hueso superior del brazo

Segundo dedo

HUESOS DEL ALA
Los huesos del ala (cuya correspondencia con los del brazo humano señalamos aquí) forman un sistema de palancas ligeras para que actúen los músculos del ala.

COBERTERAS PEQUEÑAS
Modelan el borde principal, la parte del ala que recibe el aire que llega.

COBERTERAS PRINCIPALES
Acomodadas en hileras en el ala interna y externa, forman una superficie curva que brinda elevación.

REMERAS TERCIARIAS
Las "terciarias", las plumas de vuelo más internas, modelan el ala en el cuerpo para evitar turbulencia durante el vuelo.

ALAS Y BRAZOS
Alas y brazos evolucionaron del mismo miembro. Las alas sólo tienen tres dedos, y algunos huesos de la muñeca están fusionados. Los huesos correspondientes tienen el mismo color.

REMERAS SECUNDARIAS
En el ala interna, las plumas "secundarias" forman la curva que permite elevarse.

Huesos del ala de ave

Huesos del brazo humano

Maniobras y despegue rápido

Para muchos pájaros, poder perseguir una presa o escapar de depredadores sin volar mucho es más importante que permanecer en el aire por largo tiempo. Un ala ancha y redondeada es mejor para este tipo de vuelo, porque da buena aceleración y se ajusta sutilmente para proporcionar dirección. Este tipo de ala es común en aves de bosques, como pájaros carpinteros y urogallos, y aves que viven en el suelo, como los pinzones.

VUELO DE LA LECHUZA
La lechuza común tiene un vuelo lento y vigoroso.

Ala de verderón

VUELO DEL PINZÓN
Los pinzones cierran las alas periódicamente para ahorrar energía.

Punta del ala ancha

Las plumas remeras primarias son curvas y anchas

Los bordes orlados de la pluma reducen la turbulencia del aire y ahogan el ruido producido por el vuelo

Lechuza

REGRESO RÁPIDO
El ala redondeada y roma del verderón es típica de los pinzones. Excepto cuando migran, los pinzones rara vez vuelan lejos y constantemente desvían y voltean las alas. Los pinzones vuelan a la menor señal de peligro.

Verderón

Las coberteras del ala de la lechuza tienen textura suave

Ala de carraco

Plumas remeras anchas para maniobrar

Carraco

Ala de lechuza común

ALA SORDINA
Las alas de la lechuza común son casi peludas al tacto. Sus plumas orleadas apagan el golpeteo de las alas, para que los animales chicos no la escuchen acercarse.

DE PERCHA A PERCHA
El carraco, un pájaro del tamaño de un grajo, captura animales chicos abalanzándose sobre ellos. Detectan presas desde sus perchas en muros y árboles y se mueven entre éstas con vuelo lento.

Las rayas claras y oscuras camuflan al ave cuando se alimenta en el suelo

Las alas tienen superficie ancha para maniobrar y una punta picuda para velocidad

LISTOS PARA ESCAPAR
Las palomas y los pichones son cazados por depredadores, incluyendo al hombre. Los músculos fuertes de las alas (la tercera parte de su peso) les permiten elevarse con rapidez y acelerar hasta 50 mph (80 kph).

Ala de pichón

VUELO DEL CARRACO
El carraco tiene un vuelo pesado hacia arriba y abajo.

TÓRTOLA AL VUELO
Mueve las alas con rapidez y sin pausas.

Tórtola

Ala de pájaro carpintero

Coloración verde para camuflaje

VUELO DEL CARPINTERO
Los carpinteros se elevan y descienden más vertiginosamente que otras aves.

Faisanes en vuelo

Ala de faisán

Plumas remeras dobladas

TOMA UN CURSO SEGURO
En regiones boscosas, el pájaro carpintero verde necesita alas cortas redondeadas para girar repentinamente y evadir obstáculos. La forma de sus alas lo ayuda a controlar su aterrizaje al acercarse a un árbol.

Pájaro carpintero

Las plumas interiores camufladas del ala ocultan al ave cuando está en el suelo

Plumaje camuflado sólo en la hembra

DESPEGUE VERTICAL
Los faisanes son renuentes a volar. Si se alarman, se elevan casi verticalmente con sus anchas alas. Una vez en el aire, planean en línea recta.

VUELA PARA PROTEGERSE
El urogallo, como el faisán y otras aves de caza, pasa la mayor parte del tiempo en el suelo. Al percibir peligro, primero se agazapa. Luego espera casi hasta el último momento y salta hacia arriba, bajando al mismo tiempo sus alas abiertas, para volar. El urogallo vuela alternando movimientos rápidos de las alas con planeos cortos y sólo cubre una distancia corta antes de aterrizar. En casi todas las aves de caza, las alas de la hembra están camufladas, mientras que las del macho son más llamativas.

VUELO DEL FAISÁN
Movimiento rápido de las alas seguido por un planeo largo.

Urogallo negro hembra o "gallina negra"

Ala de urogallo negro hembra

Plumas remeras largas permiten planear al urogallo

Ala de urogallo negro macho o "gallo negro"

Velocidad y resistencia

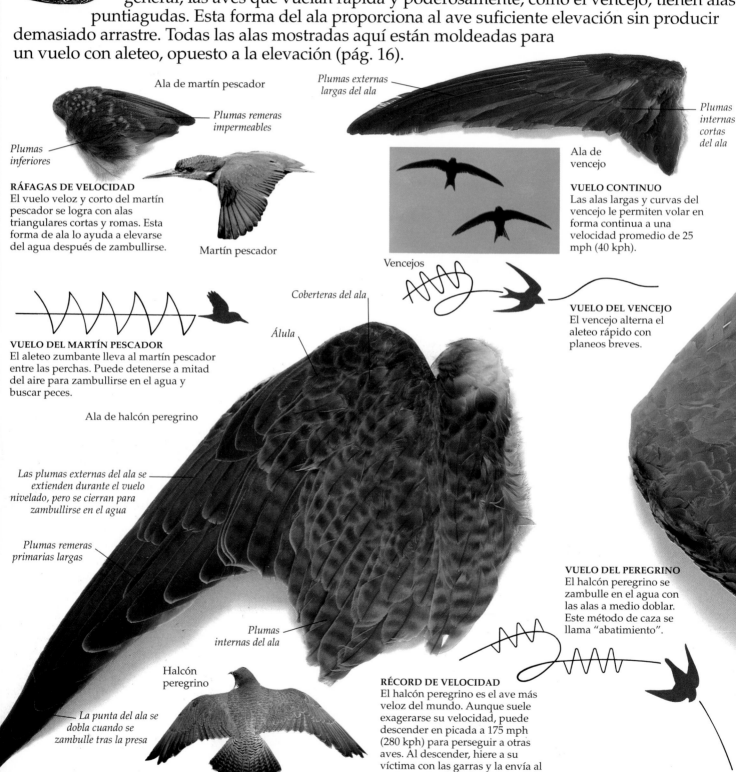

Cuando un vencejo hace su primer aterrizaje antes de anidar, pone fin a un vuelo que quizá duró tres años. El vencejo es una de varias aves que sólo aterrizan para reproducirse y sus estrechas alas curvas están adaptadas para uso continuo. En forma similar, las alas de las otras aves evolucionaron para un tipo particular de vuelo. En general, las aves que vuelan rápida y poderosamente, como el vencejo, tienen alas puntiagudas. Esta forma del ala proporciona al ave suficiente elevación sin producir demasiado arrastre. Todas las alas mostradas aquí están moldeadas para un vuelo con aleteo, opuesto a la elevación (pág. 16).

Ala de martín pescador

Plumas remeras impermeables

Plumas inferiores

RÁFAGAS DE VELOCIDAD
El vuelo veloz y corto del martín pescador se logra con alas triangulares cortas y romas. Esta forma de ala lo ayuda a elevarse del agua después de zambullirse.

Martín pescador

Plumas externas largas del ala

Plumas internas cortas del ala

Ala de vencejo

VUELO CONTINUO
Las alas largas y curvas del vencejo le permiten volar en forma continua a una velocidad promedio de 25 mph (40 kph).

Vencejos

VUELO DEL VENCEJO
El vencejo alterna el aleteo rápido con planeos breves.

VUELO DEL MARTÍN PESCADOR
El aleteo zumbante lleva al martín pescador entre las perchas. Puede detenerse a mitad del aire para zambullirse en el agua y buscar peces.

Coberteras del ala

Álula

Ala de halcón peregrino

Las plumas externas del ala se extienden durante el vuelo nivelado, pero se cierran para zambullirse en el agua

Plumas remeras primarias largas

Plumas internas del ala

Halcón peregrino

La punta del ala se dobla cuando se zambulle tras la presa

VUELO DEL PEREGRINO
El halcón peregrino se zambulle en el agua con las alas a medio doblar. Este método de caza se llama "abatimiento".

RÉCORD DE VELOCIDAD
El halcón peregrino es el ave más veloz del mundo. Aunque suele exagerarse su velocidad, puede descender en picada a 175 mph (280 kph) para perseguir a otras aves. Al descender, hiere a su víctima con las garras y la envía al suelo con la fuerza del impacto.

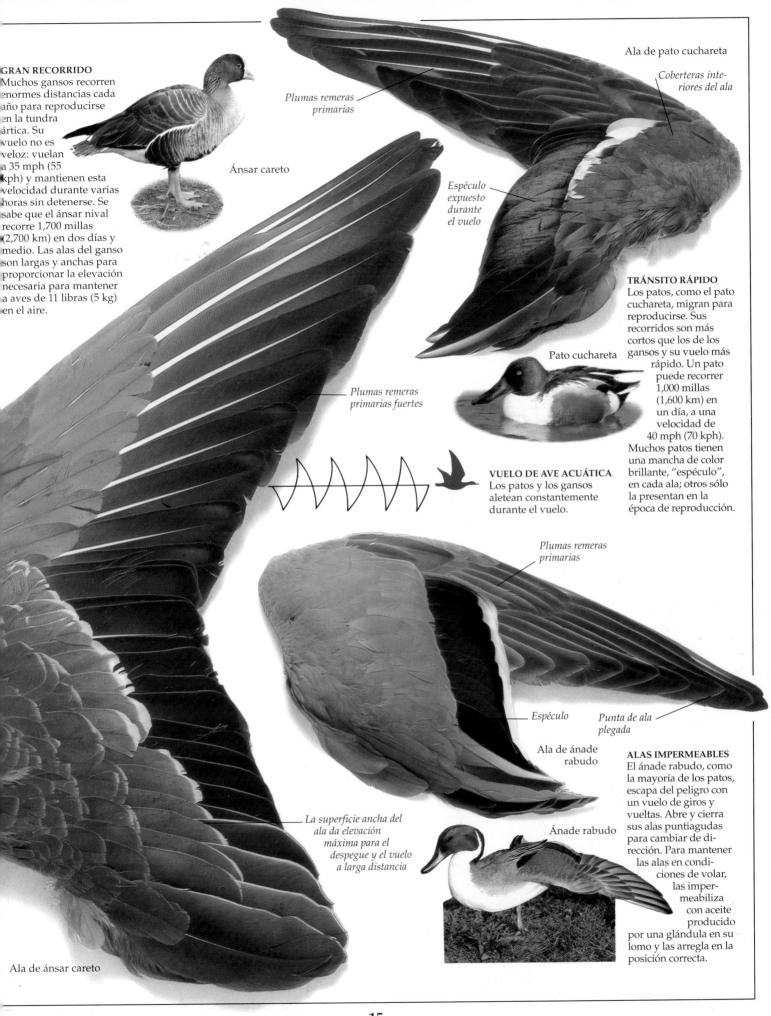

GRAN RECORRIDO

Muchos gansos recorren enormes distancias cada año para reproducirse en la tundra ártica. Su vuelo no es veloz: vuelan a 35 mph (55 kph) y mantienen esta velocidad durante varias horas sin detenerse. Se sabe que el ánsar nival recorre 1,700 millas (2,700 km) en dos días y medio. Las alas del ganso son largas y anchas para proporcionar la elevación necesaria para mantener a aves de 11 libras (5 kg) en el aire.

Ánsar careto

Ala de pato cuchareta

Plumas remeras primarias

Coberteras interiores del ala

Espéculo expuesto durante el vuelo

Plumas remeras primarias fuertes

Pato cuchareta

TRÁNSITO RÁPIDO

Los patos, como el pato cuchareta, migran para reproducirse. Sus recorridos son más cortos que los de los gansos y su vuelo más rápido. Un pato puede recorrer 1,000 millas (1,600 km) en un día, a una velocidad de 40 mph (70 kph). Muchos patos tienen una mancha de color brillante, "espéculo", en cada ala; otros sólo la presentan en la época de reproducción.

VUELO DE AVE ACUÁTICA

Los patos y los gansos aletean constantemente durante el vuelo.

Plumas remeras primarias

Espéculo

Punta de ala plegada

Ala de ánade rabudo

ALAS IMPERMEABLES

El ánade rabudo, como la mayoría de los patos, escapa del peligro con un vuelo de giros y vueltas. Abre y cierra sus alas puntiagudas para cambiar de dirección. Para mantener las alas en condiciones de volar, las impermeabiliza con aceite producido por una glándula en su lomo y las arregla en la posición correcta.

Ánade rabudo

La superficie ancha del ala da elevación máxima para el despegue y el vuelo a larga distancia

Ala de ánsar careto

Elevación, planeo y revoloteo

CUANDO UN PÁJARO AGITA LAS ALAS, utiliza mucha energía: 15 veces más que cuando no se mueve. Algunas aves desarrollaron formas para volar que requieren mucho menos esfuerzo. Las aves grandes vuelan elevándose y planeando; aprovechan la fuerza del sol o del viento para mantenerse en el aire. Por otro lado, al revolotear, el ave se mantiene en el aire aleteando sin cesar, de la misma manera que un nadador mueve brazos y piernas en el agua para mantenerse a flote.

El colibrí, el ave voladora más pequeña, revolotea mientras se alimenta

El ala angosta proporciona elevación sin demasiado arrastre durante el planeo

Ala de gavión atlántico

PLANEO DEL GAVIÓN
Con sus alas estrechas y puntiagudas, las gaviotas planean en corrientes ascendentes (corrientes de aire desviadas hacia arriba por riscos y laderas). La elevación generada por estas corrientes soporta aves tan pesadas como el gavión atlántico, que pesa más de 4.5 libras (2 kg).

Gavión atlántico

GAVIOTA AL VUELO
En el vuelo con aleteo, una gaviota puede recorrer 25 mph (40 kph). En una corriente ascendente, puede permanecer inmóvil arriba del suelo.

Las coberteras interiores del ala moldean ésta al cuerpo

Plumas remeras primarias "ranuradas" reducen la turbulencia

Ala de cernícalo

Cernícalo

MANTENERSE EN EL AIRE
Muchas aves revolotean un momento y pocas pueden mantener este tipo de vuelo extenuante. Una excepción es el cernícalo, que revolotea mientras sus ojos detectan musarañas y ratones campestres desde muy alto. Necesita viento de frente para flotar.

VUELO DEL CERNÍCALO
El cernícalo vuela aleteando hacia adelante, un vuelo típico de los halcones.

REVOLOTEO DEL CERNÍCALO
Aletea con rapidez y extiende la cola hacia afuera para elevarse cuando el viento sopla.

Aves no voladoras

Hace millones de años, aves gigantes no voladoras recorrían la Tierra. Hoy, sólo sobreviven unas cuantas docenas de especies más chicas.

Aleta de pingüino

El ala rígida actúa como propulsor

Plumaje denso

ALAS COMO ALETAS
Los pingüinos nadan "volando" bajo el agua con sus alas. El pingüino emperador puede sumergirse 800 pies (250 m) usando sus alas para impulsarse. Los pingüinos no pueden doblar las alas como la mayoría de las aves.

Pingüinos de Adelia en la Antártida

Ala de ñandú

Ñandú

Ala interna

Las plumas suaves proporcionan aislamiento, mas no elevación

Ala externa

CORREDOR DE PAMPAS
El ñandú es el equivalente sudamericano del avestruz. Las plumas de sus alas son largas, pero no sirven para el vuelo.

EL AVE MÁS PESADA
Los ornitólogos calculan que ningún ave que pesa más de 40 libras (18 kg) puede volar, porque arriba de ese peso, el poder muscular nunca sería suficiente para mantener al ave en el aire. El avestruz africana sobrepasa casi siete veces el límite al pesar 260 libras (120 kg). Sus alas sólo son colgajos débiles que llevan un abanico de 16 plumas remeras mullidas. Corre a más de 30 mph (50 kph).

El borde recto se mantiene inclinado hacia arriba durante la elevación

Plumas remeras primarias usadas para maniobrar

Los "dedos" separados ayudan a reducir la turbulencia

Las anchas plumas remeras internas proporcionan elevación a un ave dentro de una termal

Ala de ratonero

ARRIBA SIN ESFUERZO
Las aves de presa pesadas, como el ratonero, se elevan en termales, columnas de aire caliente que asciende. Sólo necesitan aletear para ir de una termal a la siguiente.

Ratonero

VUELO DEL RATONERO
Todas las aves que se elevan se ladean para mantenerse dentro del aire que asciende de una termal.

Las colas

En el curso de la evolución, las aves han perdido en forma gradual la parte de la espina dorsal que en otros animales forma la cola y la reemplazaron con plumas. El tamaño de estas plumas es muy variable. Algunos pájaros (como araos y frailecillos) apenas si tienen cola, mientras que otros (como el pavo real y el ave de paraíso macho) tienen colas tan largas que les dificultan el vuelo.

Mueve la cola al acercarse; mantiene el cuerpo horizontal

Aterrizaje: las patas hacia adelante para asirse de la percha

Cola cerrada cuando el ave se posa en la percha

FRENO DE AIRE
Cuando un ave aterriza, baja y extiende las plumas de la cola. Las plumas actúan como un freno y mitigan el acercamiento del ave.

Puntas desgastadas por el vuelo

PLUMAS DE LA RABADILLA
Arriba de la base de la cola de la paloma torcaz, las plumas de la rabadilla dan aislamiento con su plumón grueso.

Paloma torcaz

COBERTERAS DE LA COLA
Hileras densas de estas plumas se encuentran en la base de la cola del ave y suavizan el flujo del aire a través de ésta.

PLUMAS TIMONERAS
La paloma torcaz, como la mayoría de las aves, tiene 12 plumas en la cola. Las puntas de las plumas se desgastan pronto durante el vuelo.

Formas de colas

El vuelo restringe mucho la forma de un ave. Las aves que pasan mucho tiempo en vuelo tienen colas ligeras y aerodinámicas. Otras aves, en especial las que viven en el suelo y en bosques, han desarrollado colas moldeadas para otros usos aparte del vuelo. Algunas usan la cola para equilibrio, para posarse o para atraer la atención de una pareja.

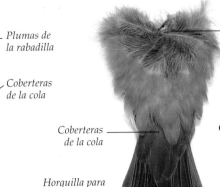

Plumas de la rabadilla

Coberteras de la cola

Plumas timo-neras largas

Cola de urraca

Urraca

UNA COLA PARA EQUILIBRIO
Las plumas centrales de la cola de una urraca miden casi 10 pulg (25 cm) de largo. Las colas largas se usan normalmente para ostentar, pero como las urracas macho y hembra las tienen, es más probable que las usen para equilibrio en el suelo o cuando trepan en los árboles.

Plumas de la rabadilla de distintivo color naranja descubiertas durante el vuelo

Coberteras de la cola

Cola de piquituerto

Horquilla para ayudar a maniobrar

Piquituerto

COLAS HORQUILLADAS
En algunas aves, las plumas timoneras centrales de la cola son las más largas. En otras (en particular en muchos pinzones), la situación se invierte para dar a la cola forma horquillada. Este arreglo probablemente da a las aves chicas mayor maniobrabilidad.

Cola de carpintero verde

Plumas de rabadilla

Carpintero picapinos

Coberteras de la cola

Plumas rígidas

Plumas de la rabadilla

Coberteras de la cola

Puntas agudas, por abrasión de la cola contra los árboles

Carpintero picapinos

Plumas de la rabadilla suaves y con punta negra arriba de las coberteras de la cola

Coberteras de la cola

Plumas timoneras curvas usadas por el macho para ostentar

Cola de urogallo negro

COLAS DE APOYO
El carpintero usa la cola para apoyarse al trepar por el tronco de un árbol. Las plumas de la cola del carpintero son rígidas y soportan gran parte del peso del ave. Al estar sujetas a tratamiento rudo, las puntas de las plumas se desgastan pronto.

Faisán macho despliega plumas de alas y cola durante el despegue

UNA COLA PARA OSTENTAR
El urogallo negro macho tiene plumas en la cola en forma de media luna y las plumas de la cola de la hembra son rectas. Diferencias como éstas son signo seguro de que la cola evolucionó con esta forma para ostentar y no para el vuelo.

Urogallo negro

Pavo real

Estructura de las plumas

LAS PLUMAS son la gran innovación evolutiva que separa a los pájaros de los otros animales. El plumaje del colibrí tiene menos de 1,000 plumas y el de un ave grande, como el cisne, puede tener más de 25,000 y casi cuatro quintas partes de éstas cubren la cabeza y el pescuezo. Como el pelo, las garras y los cuernos, las plumas están hechas de queratina, una proteína que les da su gran resistencia y flexibilidad. Debido a su intrincada estructura, las plumas crecidas están casi muertas. Al desarrollarse las plumas, se separan y forman una malla compleja de filamentos intervinculados y ya no reciben sangre. Las plumas sirven determinado tiempo, a no ser que se pierdan por accidente. Al desgastarse, se desechan en la muda.

PLUMAJE ROMPIBLE
El burgo centroamericano cambia la forma de las plumas de su cola durante la reproducción. Cuando picotea una pluma de la cola, las barbas de la pluma se rompen y dejan un cañón desnudo que termina en forma de cuchara. Aún no se descubre por qué hace esto.

Folículos de las plumas

Mechones de plumas que brotan

Plumas creciendo dentro de los folículos

CÓMO CRECEN LAS PLUMAS
Empiezan a desarrollarse como pulpa en el interior de tubos llamados *folículos* de las plumas. La punta de una pluma emerge en forma gradual del folículo, se desenrolla y se separa para formar una hoja plana. El folículo desaparece y deja la pluma bien formada.

CAÑÓN DE PLUMA
El cañón hueco contiene los restos secos de la pulpa.

Interior hueco

Pulpa del interior del cañón

Plumas totalmente desarrolladas luego que los folículos protectores se eliminaron

Punta del cálamo insertada en la piel y unida a los músculos

EL HOMBRE Y LAS PLUMAS
El hombre ha usado las plumas para adorno y propósitos más prácticos. Para los tocados y las plumas para escribir se emplean las plumas remeras. El plumón de patos y gansos se usa para relleno, y las plumas de colores brillantes de algunas aves tropicales se utilizan en objetos tales como las moscas para pescar.

Cálamo

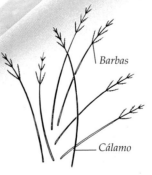

Barbas

Cálamo

FILOPLUMAS
Estos pelos se encuentran entre las plumas del cuerpo del ave y la ayudan a detectar la posición de las plumas.

Cañón posterior, segundo cañón de un solo cálamo

PLUMAS DIVIDIDAS
Algunas plumas se dividen para formar dos mitades diferentes unidas al mismo cañón. Esto permite a una sola pluma desempeñar dos funciones distintas.

Bárbula

Gancho

Lengüeta

Barba

SUPERFICIE PARA EL VUELO

Para funcionar en forma eficaz, una pluma remera tiene que formar una sola superficie continua para que el aire fluya por encima. Esta superficie la forman miles de bárbulas, que están en ambos lados de cada barba y se unen como ganchos y lengüetas. Si los ganchos de las bárbulas se sueltan, el ave los pone de nuevo en posición con su pico.

Punta de la pluma

Muesca para reducir la turbulencia (pág. 24)

Barbilla externa (borde de la pluma con dirección al viento)

Raquis o cañón

Borde curvado hacia abajo

Amplificación de pluma de guacamayo; se observan barbas y bárbulas

Borde curvado hacia arriba

Barbilla interna (borde de la pluma opuesto al viento)

Barbas paralelas unidas para formar una superficie lisa

Sólo las barbas paralelas son visibles en esta amplificación de la pluma remera de guacamaya rosado

PLUMAS DENTRO DE PLUMAS

Bajo la amplificación, las barbas y las bárbulas parecen plumas miniatura. En plumas remeras como éstas, las barbas están muy unidas y las bárbulas son cortas y numerosas. En contraste, en el plumón, las barbas son menos numerosas y más largas. No es poco común que no tengan bárbulas (pág. 26).

Cuidado de las plumas

Las plumas reciben muchos golpes durante el uso diario, se ensucian con facilidad y se infestan de parásitos, como el piojo de pluma. Las aves cambian la mayoría de sus plumas durante la muda, pero tienen que dedicar mucho tiempo para asegurarse de que su plumaje permanezca en condición para volar. Hacen esto limpiando las plumas con el pico, como un peine, para unir las barbas y las bárbulas, y también con métodos especiales, como aceitarlas, empolvarlas y bañándose en agua y en polvo.

PLUMAJE EMPOLVADO

Los airones, las garzas y algunas otras aves tienen plumas especiales que se desintegran para formar un polvo. Este "polvo" lo usan para mantener el plumaje en buen estado. A diferencia de otras, las plumas que se vuelven polvo nunca dejan de crecer.

ARRENDAJOS

Los arrendajos animan a las hormigas a trepar sobre sus plumas. El ácido fórmico venenoso que producen las hormigas desaloja a los parásitos de su plumaje.

BAÑOS DE POLVO

El polvo es absorbente y abrasivo. Al bañarse en polvo, un ave limpia su plumaje.

Las plumas

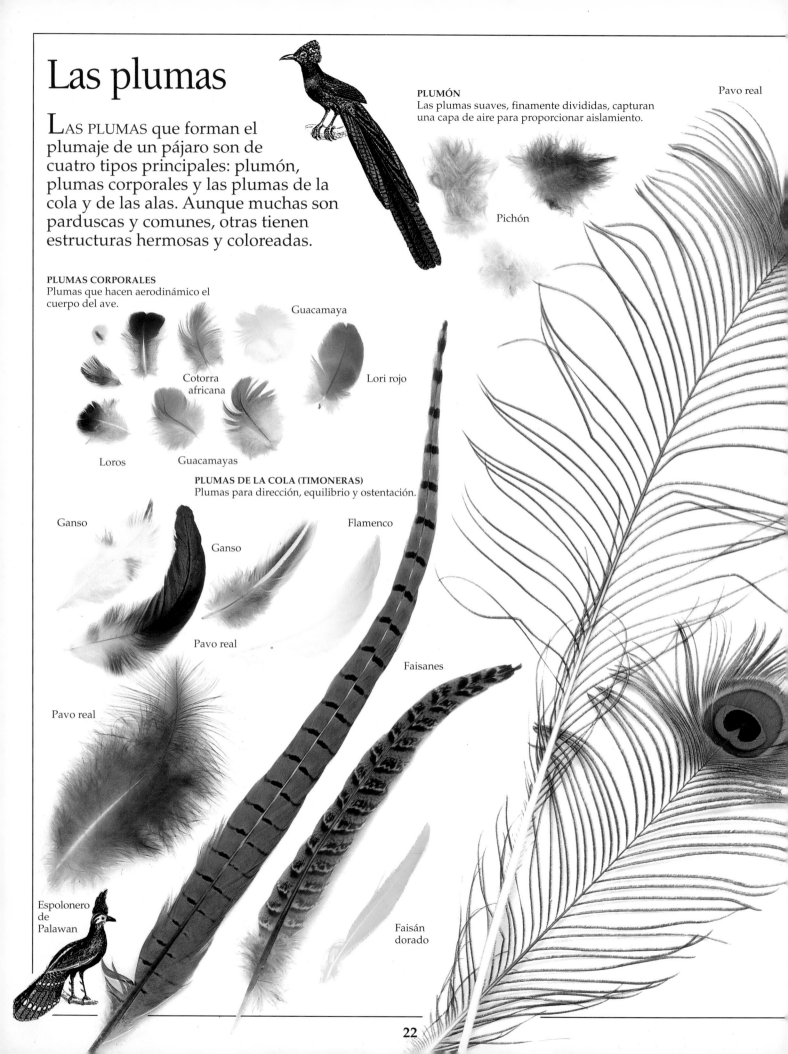

LAS PLUMAS que forman el plumaje de un pájaro son de cuatro tipos principales: plumón, plumas corporales y las plumas de la cola y de las alas. Aunque muchas son parduscas y comunes, otras tienen estructuras hermosas y coloreadas.

PLUMÓN
Las plumas suaves, finamente divididas, capturan una capa de aire para proporcionar aislamiento.

Pavo real

Pichón

PLUMAS CORPORALES
Plumas que hacen aerodinámico el cuerpo del ave.

Guacamaya

Cotorra africana

Lori rojo

Loros

Guacamayas

PLUMAS DE LA COLA (TIMONERAS)
Plumas para dirección, equilibrio y ostentación.

Ganso

Ganso

Flamenco

Pavo real

Pavo real

Faisanes

Espolonero de Palawan

Faisán dorado

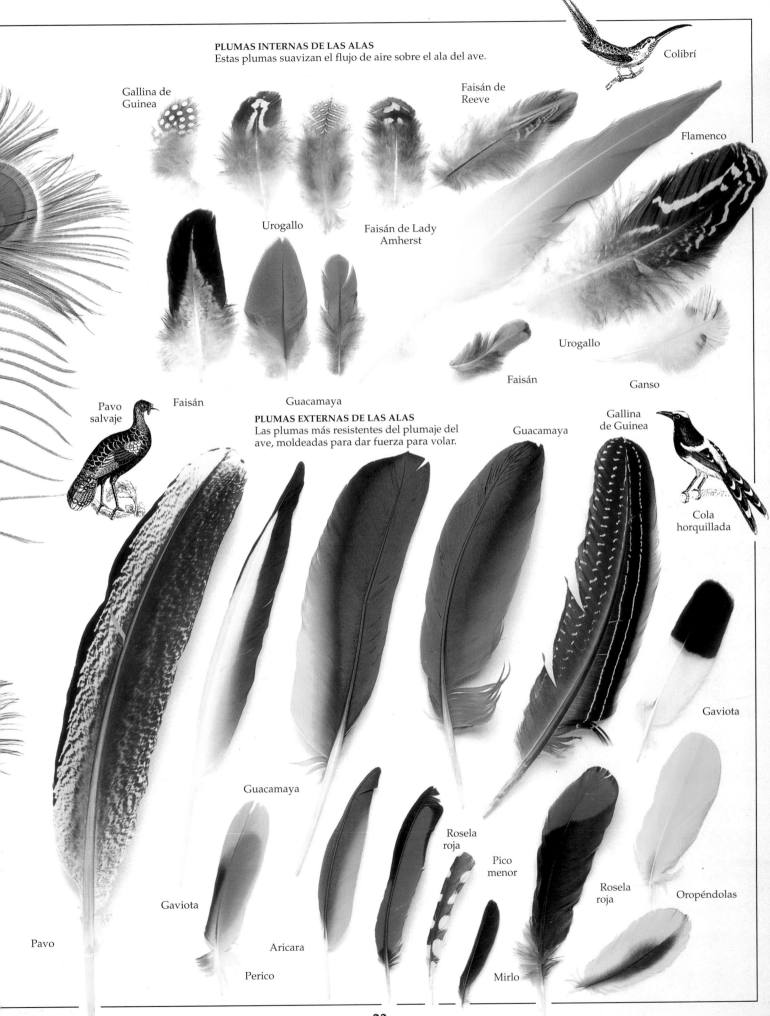

PLUMAS INTERNAS DE LAS ALAS
Estas plumas suavizan el flujo de aire sobre el ala del ave.

Colibrí

Gallina de
Guinea

Faisán de
Reeve

Flamenco

Urogallo

Faisán de Lady
Amherst

Urogallo

Faisán

Ganso

Pavo
salvaje

Faisán

Guacamaya

PLUMAS EXTERNAS DE LAS ALAS
Las plumas más resistentes del plumaje del
ave, moldeadas para dar fuerza para volar.

Guacamaya

Gallina
de Guinea

Guacamaya

Cola
horquillada

Gaviota

Guacamaya

Rosela
roja

Pico
menor

Rosela
roja

Oropéndolas

Gaviota

Aricara

Pavo

Perico

Mirlo

23

Plumas del ala

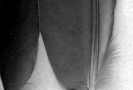

Las plumas del ala son las partes más importantes de la maquinaria de vuelo de un pájaro. Combinan la fuerza con la ligereza y la flexibilidad. Comparadas con el resto del cuerpo, las alas tienen pocas plumas, pero cada una es importante y trabaja con su vecina para formar una superficie perfecta para el vuelo.

El ala externa

Las plumas largas del ala externa dan al ave la mayor parte de la fuerza para volar y evitan que "pierda velocidad". Las remeras externas se extienden o cierran en el vuelo, para ayudar al ave a seguir un curso.

Lechuza

Carpintero verde

Grajo

Estornino adulto

Estornino joven

DISEÑO ASIMÉTRICO
Casi todas las plumas remeras son como ésta, de una carolina, más estrechas en el borde delantero. Este diseño produce elevación cuando la pluma corta el aire.

FORMA NIVELADA
Lejos de la punta del ala, las remeras son gradualmente más cortas y anchas. Éstas son de perico regente.

COBERTERAS EXTERNAS
Al sobreponerse las bases de las plumas timoneras, las coberteras suavizan el flujo de aire.

Fleco

Borde trasero más ancho

Ranura

Borde delantero angosto

Cárabo común

Lechuza

PLUMAS DE AGUANTE
El cisne mudo, que pesa hasta 26 librasg (12 k), necesita plumas muy largas y fuertes para impulsar su vuelo. Sus plumas externas del ala pueden medir 18 pulg (45 cm) de largo, pero cada pluma sólo pesa 0.5 onzas (15 g).

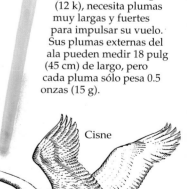

Cisne

ARRIBA Y ABAJO
Muchas plumas del ala tienen el lado de abajo de diferente color. Las de guacamaya refractan la luz y crean colores tornasolados; en esta especie, azul arriba y amarillo abajo.

PLUMAS SILENCIOSAS
Los flecos en los bordes de las plumas de lechuza separan el flujo de aire y hacen silencioso el vuelo de la lechuza, como se muestra en esta pluma.

PLUMAS RANURADAS
La ranura profunda en esta pluma de cuervo forma un espacio en el ala que reduce la turbulencia.

El ala interna

Las plumas internas del ala son generalmente más cortas que las plumas del ala externa. No están sujetas a demasiada fuerza durante el vuelo; por este motivo, sus cálamos son más cortos y las plumas no están bien sujetas. Con excepción de algunas plumas de ostentación, son también más simétricas que las plumas externas del ala.

BALANCEADAS
Las plumas internas, aquí de perico regente, apuntan en dirección contraria al viento, no paralelamente a éste. Por eso no necesitan una forma asimétrica para dar elevación, como las externas.

MARCAS EN EL VUELO
Los colores brillantes de muchas aves, como el periquito australiano, sólo se ven si las alas están totalmente abiertas.

NADO DEL PATO MANDARÍN
El pato mandarín macho tiene un par de estas extraordinarias plumas de nado, una en la base de cada ala. Las muestra durante el cortejo.

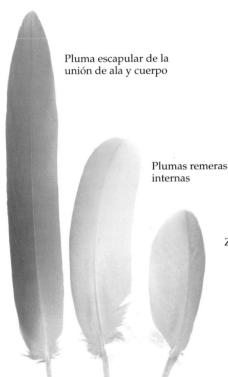

Pluma escapular de la unión de ala y cuerpo

Plumas remeras internas

Zarapito

Ánade   Grajo

EN EL LÍMITE
Las plumas remeras que se hallan en el límite entre el ala interna y la externa tienen cálamos curvados y puntas romas. Pueden tener diseño brillante que se muestra en el vuelo.

PLUMAS CAMUFLADAS
Plumas cafés decoradas ocultan a la becada de los depredadores (pág. 30).

COLOREADAS POR SU COMIDA
El flamenco común vive con una dieta de camarones y otros crustáceos. De éstos extrae el tinte rosa que después se incorpora en sus plumas.

Avutarda

Grajo

Búho real   Zarapito

COBERTERAS DEL ALA INFERIOR
Como las coberteras del ala superior, éstas se encuentran juntas para suavizar el flujo de aire. La superficie que producen es cóncava y no convexa, como en el ala superior.

VUELAN POCO
Esta pluma es de pavo salvaje. Como muchas aves que viven en el suelo, casi no las usa para volar.

COBERTERAS INTERIORES
Las coberteras interiores, en este caso de un ratonero, se sobreponen a las plumas del frente del ala interna. Su plumón muestra que se usan también para aislar el cuerpo, al doblar el ala.

Hay más tipos…

LAS PLUMAS no sólo están diseñadas para volar. También aislan e impermeabilizan el cuerpo del ave, le permiten ocultarse, atraer pareja, incubar huevos o permanecer en equilibrio en el suelo. Todas estas tareas las efectúan tres tipos de plumas: corporales, plumón y las plumas de la cola. La forma en que trabajan depende de su forma y de si sus barbas se pueden o no unir.

Plumón

El plumón se encuentra junto a la piel del ave. Sus barbas no se unen, sino que se extienden y forman una masa suave e irregular. El plumón es uno de los materiales aislantes más efectivos en el reino animal.

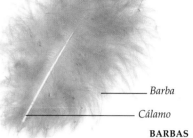

Barba

Cálamo

BARBAS
En este plumón de pavo real, pueden verse las barbas separadas. Estas barbas capturan el aire que forma una capa aislante bajo las plumas corporales.

REVESTIMIENTO
El plumón chico, como éste de una perdiz, está muy pegado al cuerpo del ave, para formar una maraña como piel.

PLUMAS DE INCUBACIÓN
Muchas aves, como la cerceta, se arrancan las plumas del pecho para aislar sus huevos. Algunas se recogen y se venden para relleno.

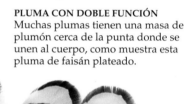

PLUMA CON DOBLE FUNCIÓN
Muchas plumas tienen una masa de plumón cerca de la punta donde se unen al cuerpo, como muestra esta pluma de faisán plateado.

Corporales

Hay plumas corporales de muchos tamaños y formas. Algunas se usan sólo para aislar y cubrir el cuerpo del ave, pero otras desarrollaron la función de exhibición y tienen brillantes colores o formas extrañas.

Plumas de lori rojo

Plumas de cotorra africana

Plumas de guacamaya

BRILLANTEZ TROPICAL
La coloración brillante y variada del cuerpo es más común en aves que viven en los trópicos que en las que habitan en las regiones templadas. Los colores brillantes ayudan a las aves a identificar su especie entre las muchas otras que comparten su hábitat.

DISENOS EN LA SUPERFICIE
En muchas aves con plumas con diseños, sólo las puntas de las plumas muestran marcas distintivas, el resto de la pluma es opaco, como en éstas de faisán.

Cálamo largo

PLUMAS DEL CORTEJO
Algunas aves desarrollaron plumas corporales totalmente adaptadas para el papel de atraer a un compañero. Estas plumas colgantes adornan el cuello del pavo salvaje macho. Cada pluma se divide en un par de plumas.

Barbas acortadas

ES PESADO Y VUELA
Pluma corporal de avutarda, una de las aves voladoras más pesadas del mundo.

CAMUFLAJE FRONDOSO
Las puntas de color verde opaco de las plumas corporales del carpintero verde son un camuflaje ideal contra las hojas del bosque de su hábitat natural.

LA CAPA DEL FAISÁN
Las plumas del cuello del faisán dorado macho forman una brillante capa negra y dorada. Estas plumas las apreciaban mucho los pescadores para usarlas en moscas para pescar.

Plumas de la cola

Las aves usan sus colas para tres cosas: para dirigirse durante el vuelo, para equilibrarse en la percha o en el suelo y para impresionar a una pareja o a un rival durante el cortejo. Por esto, las plumas de la cola tienen una variedad de formas, tamaños y colores, algo que es en particular notable en las aves de cría machos.

UNA COLA RIZADA
El ánade macho tiene dos plumas rizadas distintivas en la base de la cola. Cuando corteja a una pareja, levanta la cabeza y muestra su plumaje. Las plumas de la cola de la hembra son rectas.

PLUMAS CON OJOS
Los "ojos" en la cola del pavo real se extienden hasta las plumas cortas en la base de la cola, creando una estupenda exhibición de cortejo.

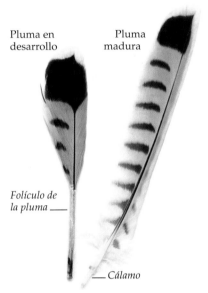

Pluma en desarrollo

Pluma madura

Folículo de la pluma

Cálamo

JOVEN Y VIEJA
Aquí, una pluma en desarrollo de un cernícalo se muestra junto a una completamente desarrollada. Ambas son de un ave con plumaje adulto.

FRANJAS MARCADAS
Las franjas de color claro en la pluma de la cola de este loro fueron causadas por cambios en la dieta que ocurrieron durante el desarrollo de la pluma.

COLOR AL CRIARLOS
Los colores variados en los periquitos australianos son resultado de una crianza controlada. Los periquitos silvestres son azules y verdes; otros colores sólo se encuentran en aves de aviarios.

LOS LADOS DE LA COLA
Las plumas más alejadas del centro de la cola son las menos simétricas, porque si la cola se abanica en el aire, las plumas externas deben proporcionar elevación cuando el aire las cruza. Estas plumas de la cola asimétricas son de un zarapito.

PLUMA CENTRAL
Esta pluma simétrica de lechuza es del centro de la cola.

COLAS IRIDISCENTES
Las urracas tienen plumas de la cola largas e iridiscentes que se ven negras desde lejos, pero de color al verlas de cerca. Como en las remeras del papagayo (pág. 24), este efecto lo causa la refracción.

AVES DE CAZA
Las colas de los faisanes, pollos y otras aves de caza machos son muy largas. Incluso esta pluma larga de la cola de un faisán sería enana junto a la de un gallo bankiva japonés; las plumas de su cola llegan a medir 35 pies (10.5 m).

Faisán

Ave del paraíso raggiana

El cortejo

LAS FORMAS EN QUE LOS PÁJAROS ENCUENTRAN PAREJA y se aparean son una de las características más fascinantes y coloridas de toda la vida animal. El divorcio es raro entre las aves, pero casi cualquier otro arreglo matrimonial existe en su mundo. Luego de alejar a otros machos, a menudo estableciendo un territorio, algunos machos atraen a una sola pareja y le son fieles toda la vida. Otros usan su brillante plumaje de cortejo para atraer a varias parejas y las desechan en favor de la siguiente, tan pronto como el apareamiento tiene lugar. Las aves atraen a sus parejas mediante una combinación de señales visibles, que van desde un plumaje especial, hasta patas de brillantes colores, bolsas inflables y movimientos de ritual que varían desde un simple movimiento de cabeza de la gaviota, hasta una exhibición en la que la avutarda macho mueve hacia atrás alas y cabeza, volteando ésta al revés.

PAPELES INVERTIDOS
Inusual para un ave, el faláropo de pico fino hembra corteja al macho; sus colores son más brillantes.

LA COLA DEL PAVO REAL
Los pavo reales son miembros de la familia del faisán, un grupo de aves que muestra el plumaje de cortejo más espectacular y elaborado en el mundo de las aves.

APOYO OCULTO
Desde atrás pueden verse las plumas levantadas de la cola "verdadera" del pavo real. Son las coberteras de la cola más largas y brillantes.

EN DESFILE
Las aves lira machos preparan terreno en el que se pavonean y exhiben. Sus posturas atraen a una sucesión de parejas.

Las plumas sin bárbulas (pág. 21) no se entrelazan y parecen encaje

Punta del cálamo

UN MISTERIO RESUELTO

Fue en el último siglo cuando los naturalistas se internaron en las selvas de Nueva Guinea y vieron cómo las aves macho usaban las plumas, como éstas de un ave del paraíso raggiana macho. En exhibiciones en las que se colgaban de cabeza, las aves abrían sus plumas.

Plumas corporales

Pluma central veteada

Durante la exhibición, estas plumas se abren y producen una fuente de color cuando el macho se cuelga de cabeza de una rama

ATRACCIÓN INFLABLE

El rabihorcado macho tiene una brillante bolsa roja en la garganta que usa para atraer pareja. La tiene inflada varias horas, hasta que se acerca una hembra, atraída por esta irresistible bolsa de cortejo.

TENSIÓN CALMADA

Aunque los alcatraces y los piqueros anidan en colonias densamente pobladas, cada ave picotea a cualquier vecino que se atreva a entrar en su muy privada "área". Cuando se encuentran las parejas, son necesarias largas ceremonias de cortejo para calmar estos instintos agresivos. Aquí, dos alcatraces Camanay se unen en la exhibición "pelícano" apuntando sus picos lejos del otro.

ACORDE CON LA TEMPORADA

Los colores de los picos de los frailecillos están más brillantes durante la temporada de cría a principios del verano. El color está en la capa córnea que cubre la parte externa del pico. Cuando abandonan sus refugios en la cima de los riscos y se dirigen al mar para el invierno, esta capa se cae. El pico tiene un color más apagado, hasta la primavera.

DANZA SOBRE EL AGUA

Los somormujos lavancos efectúan una secuencia de danzas durante su cortejo. La secuencia suele empezar con una danza en la que mueven la cabeza, un ave frente a la otra, y las inclinan de lado a lado, como si trataran de evitar sus miradas. De pronto se sumergen y reaparecen en la superficie con los picos llenos de hierbas acuáticas. Durante la "danza del pingüino", ambas aves salen del agua y chapotean presentándose la hierba. Luego de varias escenas, se aparean.

RIVALES MINIATURA

Los colibríes macho, aunque pequeños, defienden belicosamente sus territorios.

Camuflaje

EN EL MUNDO NATURAL, los carrizos que se mueven, las piedras de la playa, las ramas muertas y los trozos de nieve no siempre son lo que parecen. De pronto, pueden cobrar vida y revelar su verdadera identidad: un ave que un momento antes estaba perfectamente camuflada. Al enfrentar el peligro, casi todas las aves vuelan de inmediato. Algunas, en particular las que se alimentan o alojan en el suelo, prefieren arriesgarse y tratar de pasar desapercibidas. Las aves que se posan más tiempo abajo son las de plumaje camuflado. El color y el diseño de sus plumas concuerda con algún fondo particular, como el suelo del bosque.

Becada

OCULTO ENTRE LAS PIEDRAS
Una playa despejada puede parecer un sitio difícil para que un ave se oculte. Cuando deja de moverse, un chorlitejo grande parece desaparecer entre las piedras de la playa.

Chorlitejo grande

PRIMERA LÍNEA DE DEFENSA
La becada es un ave principalmente nocturna, que vive en región boscosa. Entre el atardecer y el amanecer, recorre el suelo del bosque en busca de gusanos y otros animales chicos, pero durante el día vive en el suelo. Si su camuflaje no la oculta, se confunde entre los troncos de los árboles con un vuelo con virajes bruscos.

Pico largo

Estaciones

En las laderas altas y en los páramos del norte, la nieve del invierno cambia por completo el color del paisaje. Las aves que no vuelan al sur en el invierno necesitan ocultarse de sus enemigos. Algunas, como la perdiz nival (un tipo de urogallo) hacen esto cambiando de color. Como las aves mudan las plumas cada año, pueden cambiar su color mudando una parte de las plumas y reemplazándolas con otras de diferente color, lo que les permite camuflarse. En lugares donde la nieve nunca se derrite, las aves como el búho nival tienen plumaje blanco durante todo el año.

Perdiz nival con plumaje de invierno

Perdiz nival con plumaje de verano

PLUMAJE DE TEMPORADA
En verano, las plumas de perdiz nival son cafés y le permiten camuflarse contra las rocas, pero en invierno, su plumaje cambia a blanco y lo oculta perfectamente contra la nieve.

Chotacabras

ESCONDITE DIURNO
El chotacabras se alimenta de insectos y sólo al anochecer. En el día permanece completamente quieto y parece una rama rota. ¡Hay registros de chotacabras en descanso pisados por caminantes que no notaron las aves bajo sus pies!

Patas y huellas

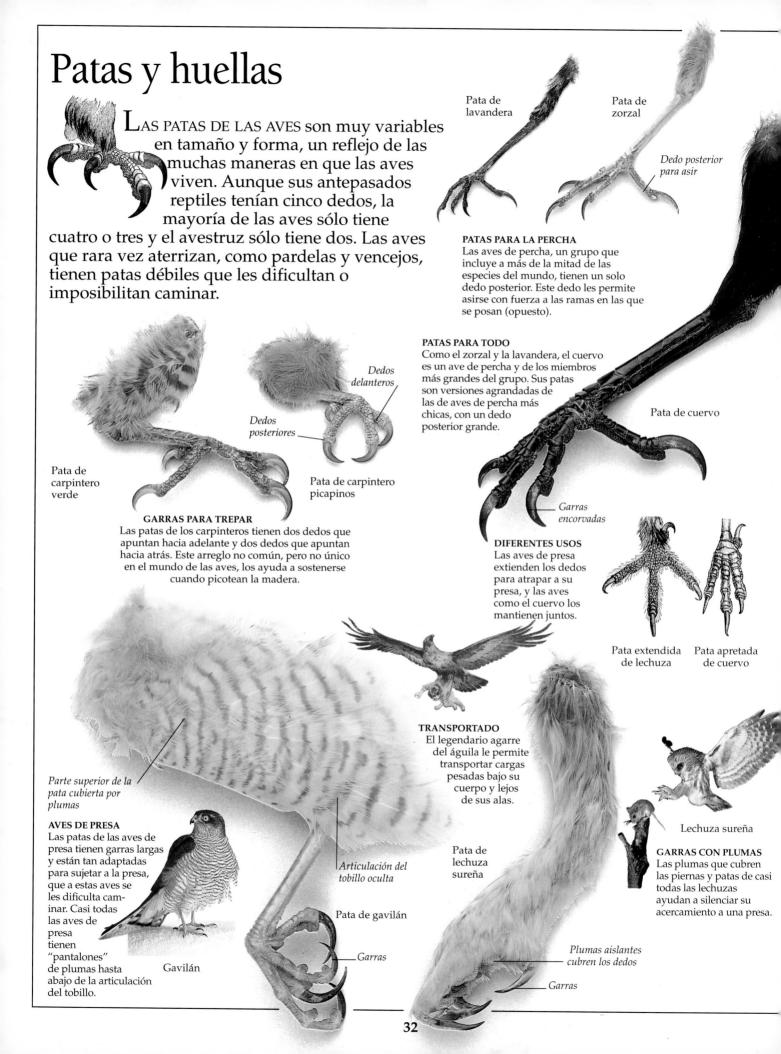

LAS PATAS DE LAS AVES son muy variables en tamaño y forma, un reflejo de las muchas maneras en que las aves viven. Aunque sus antepasados reptiles tenían cinco dedos, la mayoría de las aves sólo tiene cuatro o tres y el avestruz sólo tiene dos. Las aves que rara vez aterrizan, como pardelas y vencejos, tienen patas débiles que les dificultan o imposibilitan caminar.

Pata de lavandera

Pata de zorzal

Dedo posterior para asir

PATAS PARA LA PERCHA
Las aves de percha, un grupo que incluye a más de la mitad de las especies del mundo, tienen un solo dedo posterior. Este dedo les permite asirse con fuerza a las ramas en las que se posan (opuesto).

PATAS PARA TODO
Como el zorzal y la lavandera, el cuervo es un ave de percha y de los miembros más grandes del grupo. Sus patas son versiones agrandadas de las de aves de percha más chicas, con un dedo posterior grande.

Pata de cuervo

Dedos delanteros

Dedos posteriores

Pata de carpintero verde

Pata de carpintero picapinos

GARRAS PARA TREPAR
Las patas de los carpinteros tienen dos dedos que apuntan hacia adelante y dos dedos que apuntan hacia atrás. Este arreglo no común, pero no único en el mundo de las aves, los ayuda a sostenerse cuando picotean la madera.

Garras encorvadas

DIFERENTES USOS
Las aves de presa extienden los dedos para atrapar a su presa, y las aves como el cuervo los mantienen juntos.

Pata extendida de lechuza

Pata apretada de cuervo

Parte superior de la pata cubierta por plumas

AVES DE PRESA
Las patas de las aves de presa tienen garras largas y están tan adaptadas para sujetar a la presa, que a estas aves se les dificulta caminar. Casi todas las aves de presa tienen "pantalones" de plumas hasta abajo de la articulación del tobillo.

Gavilán

TRANSPORTADO
El legendario agarre del águila le permite transportar cargas pesadas bajo su cuerpo y lejos de sus alas.

Articulación del tobillo oculta

Pata de gavilán

Garras

Pata de lechuza sureña

Lechuza sureña

GARRAS CON PLUMAS
Las plumas que cubren las piernas y patas de casi todas las lechuzas ayudan a silenciar su acercamiento a una presa.

Plumas aislantes cubren los dedos

Garras

ZANCUDAS

El peso de las aves zancudas, como zarapitos y chorlitos, se divide sobre dedos alargados para evitar que se hundan en el lodo. Algunas especies, como las avocetas, tienen patas muy largas para caminar en agua profunda.

Dedo posterior

Pata de polla de agua

Dedos alargados y extendidos para evitar hundirse en el lodo suave

CAMINA EN LIRIOS
Las jacanas caminan sobre la vegetación flotante apoyadas en sus dedos muy largos y delgados.

PATAS LOBULADAS DE FOCHA
La focha es inusual al tener lóbulos dobles de piel escamosa que se extienden de cada hueso en sus dedos. Cuando nada, los lóbulos se abren para dar propulsión y la pata se mueve hacia atrás; los lóbulos se cierran al moverse la pata hacia adelante. En tierra, los lóbulos evitan que la focha se hunda en el lodo. La forma de sus patas produce huellas diferentes a las de otras aves acuáticas.

Pata de ganso canadiense

Dedos con membrana para nadar

El lóbulo escamoso ayuda a nadar y evita hundirse en el lodo

Pata de focha

Focha

PATAS CON MEMBRANAS
Patos, gansos, cisnes, gaviotas y muchas aves acuáticas tienen patas con membranas para un nado eficiente. Los petreles casi "caminan" sobre el agua al golpetear con sus patas con membranas mientras aletean; las aves acuáticas usan las patas como frenos acuáticos para aterrizar.

PIERNAS DE AVES

En los humanos, los músculos que mueven la pierna están acomodados a lo largo. En las aves, casi todos los músculos están en la parte superior de la pierna, que es un hueso rodeado por un sistema de tendones envueltos en piel escamosa. Por eso, algunas aves tienen piernas muy delgadas; toda la fuerza que necesita la pierna está cerca del cuerpo.

Las aves de percha desarrollaron un mecanismo para no caer de las perchas. Al aterrizar en una rama, su peso hace que los tendones de la pierna se tensen y se cierren los dedos. Hace un esfuerzo no para permanecer en la percha sino para retirarse de ella. Para elevarse, el ave contrae los músculos de los dedos, los tendones de la pata se abren y puede volar.

Muchas aves que viven en climas fríos conservan el calor corporal al no desperdiciarlo en las piernas. Una red de vasos sanguíneos actúa como intercambiador de calor y retira la sangre destinada a las piernas. Así, las piernas de aves como la gaviota pueden estar unos grados más calientes que su alrededor helado.

Aterrizaje de trepador azul

Hueso del muslo

Estructura de pata de ave

Articulación de rodilla

Articulación de tobillo

Hueso inferior de la pierna

Los dedos se cierran en la percha cuando el ave apoya su peso sobre la pata

Huellas de aves

Las aves se mueven en el suelo de una o dos formas. El salto normalmente está limitado para las aves pequeñas, capaces de elevar el peso de su cuerpo con facilidad al flexionar las patas. Las aves más grandes no pueden saltar y caminan.

HUELLAS EN EL LODO
Lodo húmedo y nieve son las mejores superficies para ver huellas de aves.

HUELLAS AL CAMINAR
El salto es una forma ineficiente para que las aves grandes se muevan. Pasan su peso de una pata a la otra al caminar.

Huellas de ganso

Huellas de pinzón

HUELLAS DE SALTO
Las aves chicas, en particular las que viven en bosques, saltan en el suelo.

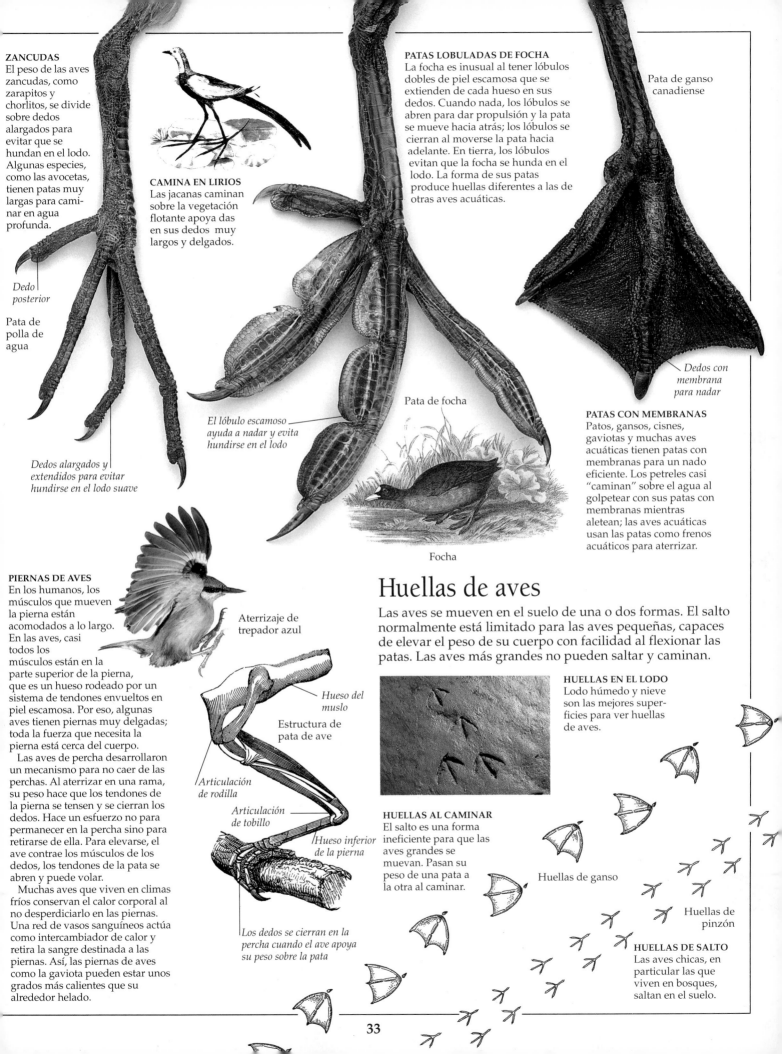

Los sentidos

LAS AVES VIVEN EN UN MUNDO dominado por la vista y el sonido. Tan importante es su sentido de la vista, que, para la mayoría de las aves, tres de los otros cuatro sentidos, tacto, olfato y gusto, son irrelevantes. Un cernícalo que revolotea ve con mucho más detalle el suelo abajo que un humano a la misma altura, pero, luego de atrapar su presa, es dudoso si puede saborearla. Los humanos tienen miles de papilas gustativas en la lengua y las aves menos de cien. Las aves tienen buen oído. Pueden distinguir notas demasiado rápidas para que los humanos las capten y una especie, el guácharo de América del Sur, usa el sonido para navegar, así como lo hace un murciélago. Con cráneos con ojos y oídos tan sensibles, las aves no desarrollaron cerebros grandes.

Algunas especies de la familia del cuervo, son reconocidas como los intelectuales del mundo de las aves

Huesos separados del cráneo están fusionados en una estructura protectora ligera y fuerte

Cráneo de cuervo

La cavidad nasal conecta con pequeñas fosas nasales que están detrás de la cubierta córnea del pico

Cráneo

Abertura hacia el oído interno, generalmente oculta por una capa de plumas cortas

La cuenca del ojo apunta hacia un lado en casi todas las aves, excepto en las que cazan presas de movimiento rápido, como mamíferos y peces

El hueso malar en la base de la cuenca del ojo sostiene los ojos grandes del ave

LOS SENTIDOS Y EL CRÁNEO

Como todas las partes de su cuerpo, el cráneo del cuervo está modificado para ser ligero para volar. En casi todos los animales, las placas óseas del cráneo tienen uniones largas llamadas *suturas*. En el cráneo de un ave, los huesos separados están fusionados para fuerza extra y esto permite huesos más delgados. Los ojos suelen ser más grandes que el cerebro y se sostienen en las cuencas por un anillo de huesitos unidos al globo ocular del ave.

INTELIGENCIA E INSTINTO

Los cerebros de las aves son chicos comparados con los de los mamíferos. Casi todas las aves tienen poca habilidad de aprendizaje. Un ave nace con un gran número de "programas" en el cerebro que controlan no sólo actividades simples, como limpieza de plumas y alimentación, sino proezas de instinto como la migración.

Quiasma óptico

Cerebelo

Médula espinal

Hemisferio cerebral

Médula espinal

Cerebelo

Quiasma óptico

Hemisferio cerebral

Cráneo

El enorme hemisferio cerebral humano permite aprendizaje rápido

Gran parte del cerebro del ave se concentra en la información visual

Cráneo de agachadiza

Ojos opuestos para visión angular amplia

Visión del ave

Los ojos de las lechuzas apuntan casi directamente hacia adelante, lo que les da un amplio campo de visión binocular. Esto les permite valorar la distancia con precisión, característica que comparten casi todas las aves de presa. Las aves que son cazadas tienen ojos que señalan en direcciones opuestas. La becada puede ver todo a su alrededor y arriba, sin mover la cabeza. La visión de casi todas las aves está entre estos dos extremos.

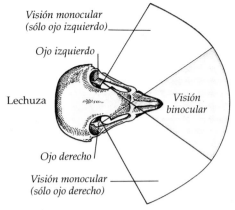

Visión monocular (sólo ojo izquierdo)

Ojo izquierdo

Lechuza

Visión binocular

Ojo derecho

Visión monocular (sólo ojo derecho)

VISIÓN TRASERA
Las aves no pueden girar los globos oculares como la mayoría de los animales. El movimiento del ojo de una lechuza es menor a 2 grados, comparado con 100 grados para un humano. Las aves suplen esto con cuellos muy flexibles que pueden voltear hacia atrás.

Becada

Ojo izquierdo

Visión monocular (sólo ojo izquierdo)

Visión binocular hacia adelante

El campo visual binocular trasero permite al ave ver a los depredadores que se acercan por atrás

Punto ciego

Ojo derecho

Visión monocular (sólo ojo derecho)

CAZA EN LA OSCURIDAD
Algunas lechuzas pueden cazar en oscuridad total, usando sus oídos para localizar los sonidos producidos por un animal que huye.

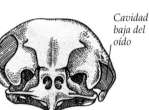

Cavidad alta del oído

Cavidad baja del oído

El acomodo no común de los oídos de la lechuza está cubierto por sus plumas

LOS OÍDOS DE LA LECHUZA
Las lechuzas cazan por la noche, cuando los niveles de luz y sonido son muy bajos. Necesitan no sólo una visión muy aguda, sino también un oído muy bueno. Las lechuzas no tienen orejas externas (aunque algunas especies tienen mechones de plumas, como orejas), pero sus anchas caras captan las ondas de sonido igual que un oído externo y las dirigen al tímpano, dentro del cráneo. Los oídos izquierdo y derecho de las lechuzas suelen estar en diferentes niveles en el cráneo. Cada oído capta un sonido en un tiempo distinto, lo que les da un oído "binaural" mejorado, que usan para detectar a su presa.

Cráneo

Pico en forma de gancho

Cuenca del ojo que apunta hacia adelante para visión binocular

Oído

Cráneo de lechuza

PICOS SENSIBLES
Como otros animales, las aves sienten con receptores sensibles que están vinculados a los nervios. Estos receptores están diseminados por todo el cuerpo, pero en las aves con picos largos también se hallan en la punta de éstos. Cuando un ave zancuda introduce el pico en el lodo profundo, puede sentir lo que hay abajo.

Agachadiza

Las mandíbulas alargadas del pico permiten que la agachadiza alcance comida enterrada en el lodo

La punta sensible del pico detecta animales enterrados

PERCIBE LA COMIDA
El chotacabras tiene cerdas que se extienden hacia adelante de cada lado de su boca. Éstas son plumas sin barbas sumamente finas y que quizá usa para dirigir a los insectos hacia su boca. Aunque las aves no tienen pelos sensoriales como los bigotes, es posible que el chotacabras pueda utilizar sus cerdas para sentir la comida.

Los picos

DEBIDO A QUE SUS EXTREMIDADES DELANTERAS están adaptadas por completo al vuelo, casi todos los pájaros, excepto los de presa y los loros, capturan y sostienen la comida sólo con los picos. Los picos de las aves evolucionaron en una gran variedad de formas especializadas, para permitirles capturar diferentes tipos de comida. Esta especialización la mostró la huia de Nueva Zelandia. En esta especie ya extinguida, el pico del macho era corto y recto para escudriñar y el de la hembra era largo y curvo para capturar insectos.

Pico en forma de cono Pinzón

ROMPE SEMILLAS
El pico de un ave produce la mayor fuerza cerca de su base. Las aves como los pinzones, que viven de semillas duras, tienen picos cortos en forma de cono, para poder romper su comida con la mayor fuerza posible. Los pinzones retiran la cáscara de las semillas con los picos antes de tragarlas.

Punta sensible para detectar gusanos en el suelo

Pico largo para desenterrar larvas de insectos y lombrices de tierra

AVE ZANCUDA EN TIERRA SECA
El pico muy largo de la becada es típico de las aves zancudas, grupo que incluye a chorlitos y andarríos. Usa su pico no sólo para alimentarse de animales en la orilla, como la mayoría de las aves zancudas, sino también en tierra "seca". Su principal alimento son las lombrices de tierra y las larvas de insectos. El pico largo y puntiagudo le permite extraerlas del suelo húmedo.

Becada

Zarapito

LOS FÓRCEPS DEL ZARAPITO
El zarapito introduce su largo pico en el lodo suave para sacar gusanos y moluscos que están fuera del alcance de otras aves.

Pico largo y curvo para extraer animales enterrados en el lodo profundo

En el ave viva, el pico superior tiene un borde para atrapar comida

El pico inferior bombea agua contra el pico superior

Flamenco

Gozne del pico inferior y del cráneo

UN CEDAZO DEBAJO DEL AGUA
El flamenco tiene quizá el pico más especializado de cualquier ave. Con la cabeza señalando hacia abajo, se alimenta sumergiendo el pico en el agua y usándolo para colar animales y plantas acuáticos nutritivos. El pico inferior se mueve hacia arriba y abajo para bombear agua contra el pico superior, donde un borde con cortes finos captura la comida.

PICO DE UN AVE CARNÍVORA
El cernícalo tiene un pico ganchudo típico de los halcones y otras aves de rapiña. El gancho permite a estas aves carnívoras cortar animales que son demasiado grandes para tragarlos enteros.

Gancho

Cernícalo

Pico puntiagudo de longitud media para semillas y comida más grande

Mirlo

PUNTIAGUDO
El mirlo tiene una forma de pico compartida por miles de especies de aves de tamaño medio. Tiene forma puntiaguda para que el ave recoja objetos chicos como semillas, pero el largo de su pico le permite capturar comida más grande, como lombrices de tierra. El pico naranja-amarillo del mirlo macho lo usa también como una señal para las hembras.

Loro

Orificio nasal
Área donde rompe las semillas
Gancho para agarrar fruta

PICO DE AVES FRUGÍVORAS
Los loros silvestres viven de fruta y semillas. Con su pico "combinado" aprovechan al máximo su comida. Con el gancho en la punta del pico sacan la pulpa de la fruta; con las mandíbulas cerca de la base del pico, quiebran la semilla y llegan a la pepita. Entre las aves, no es común la forma en que el loro usa las patas para sostener y voltear la comida al romperla.

Dientes hechos de material córneo del pico, para capturar pescado

UN PICO PARA CHAPOTEAR
Muchos patos se alimentan "chapoteando" o abriendo y cerrando el pico mientras lo deslizan por la superficie del agua. El agua entra en las dos mitades aplanadas del pico y cualquier cosa que contenga es colada y tragada. El chapoteo del pato es como la acción de colar de un flamenco, pero el pico del pato es menos especializado y lo usa para otros tipos de alimentación.

UN PATO CON "DIENTES"
A diferencia de los mamíferos y los reptiles, las aves no tienen verdaderos dientes, hechos de hueso. Algunas aves desarrollaron estructuras que son similares a los dientes. La serreta tiene endentaduras que parecen dientes en los lados del pico. Usa estos dientes del pico para capturar peces en agua dulce y en el mar.

Serreta

Pico aplanado

Pico largo y ganchudo para atrapar peces y cortarlos

Negrón

PICO PARA TODO USO
El pico de la gaviota es largo y termina en un gancho que es más pequeño, pero similar al de las aves carnívoras. Esta forma de pico no sólo le permite capturar y sostener a la presa, como un pez, a lo largo del pico, sino desgarrar la comida.

Gaviota

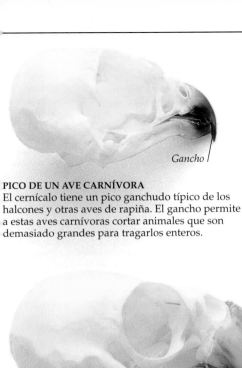

De dieta ligera

EL PÁJARO SILVESTRE MÁS NUMEROSO del mundo, la quelea de pico rojo, se alimenta de semillas. Más de cien mil millones de estas aves recorren los campos y pastizales africanos en busca de comida y forman parvadas de millones. Las aves como la quelea pueden sobrevivir en gran número porque viven de un alimento que es increíblemente abundante. Semillas, hierba, néctar, insectos, gusanos y muchos otros animales chicos existen en gran cantidad y juntos forman el alimento de la mayoría de las aves del mundo.

Zorzal

Plantas y semillas

Las aves que comen plantas y semillas tienen que romper su comida antes de poder digerirla. Como no tienen dientes, hacen esto con picos poderosos y con la molleja (pág. 8), una "cámara de molienda" muscular en sus estómagos.

Cráneo de pinzón

Semillas con cáscara dura

ESPECIALISTAS EN SEMILLAS
Los pinzones, con más de 150 especies, tienen picos cortos y filosos para romper las semillas y nueces. Algunos tienen picos que pueden ejercer más fuerza aplastante que una mano humana.

Cráneo de ganso

Cosechas de hojas

Cráneo de pichón

SE ALIMENTAN DE COSECHAS
Los pichones y las palomas comen hojas y semillas de plantas silvestres y a menudo también las cultivadas. Usan sus picos puntiagudos como un popote para beber, una habilidad única entre las aves.

Granos cultivados

VIVEN EN LA HIERBA
Los gansos están entre las pocas aves que pueden vivir con una dieta de hierba. Los gansos digieren mal la hierba y pasa por sus cuerpos en sólo dos horas. Como obtienen muy poco de su comida, deben comer mucha hierba y se alimentan casi constantemente.

Cráneo de urogallo

Poderoso pico ganchudo para agarrar hojas de los árboles y aplastar semillas

Pico ancho para rasgar hierba

HERBÍVOROS VERSÁTILES
Las aves de caza (especies como faisanes, guacos y este urogallo del norte de Europa) comen cualquier planta disponible, aunque prefieren las semillas. En invierno, el urogallo vive de las hojas de las coníferas, una fuente de comida que pocos animales usan. Con su poderoso pico ganchudo arranca las hojas de las ramas.

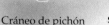

Semillas

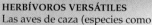

Agujas de coníferas

Hierbas y plantas acuáticas, alimento de los gansos

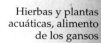

Comeinvertebrados

Cada primavera, el número de insectos y otros invertebrados (animales sin espina dorsal) aumenta bastante. Estos animales son el alimento de docenas de especies de aves migratorias. En invierno, el abastecimiento es menor y es difícil encontrar comida, que consiste principalmente de larvas en la madera o tierra. Éstas son buscadas por insectívoros especialistas.

Cráneo de paro carbonero

Áfidos

Oruga

CURRUCAS SONDEADORAS
Estas pequeñas aves cantoras usan sus picos sondeadores para atrapar insectos en las hojas y en la corteza. Al inicio del otoño, cuando el abastecimiento escasea, migran hacia el sur.

EL ROMPECARACOLES
Los zorzales comen una amplia de plantas y animales. Algunos comen caracoles, que rompen en "yunques" de piedra.

Cráneo de zorzal

Conchas de caracol quebradas por zorzal

No sólo los pájaros de jardín comen lombrices de tierra, también las lechuzas y las aves de presa

Manzana picoteada

Cráneo de carpintero

Ciempiés

Larva de escarabajo

Escarabajo adulto

COMEN INSECTOS GRANDES
Las aves, como el carpintero y la abubilla que se alimenta en el suelo, usan sus picos para sacar insectos grandes de las grietas en los árboles. Los carpinteros cincelan la madera para hallar larvas ocultas. Sus lenguas muy largas tienen puntas en forma de lanza, que usan para atravesar a su presa.

Cráneo de abubilla

Avoceta comiendo

Alimento en la playa

Aunque hay pocos insectos de agua salada, la costa contiene abastecimiento de invertebrados para que coman las aves, desde cangrejos y mariscos hasta gusanos.

Gusano

Lombriz del cieno

Cráneo de avoceta

PICO BARREDOR
La avoceta captura gusanos y otras presas caminando hacia adelante y barriendo con el pico de un lado al otro. Es una de las muy pocas aves con pico curvo hacia arriba.

Gusanos

Cangrejo abierto y devorado; el esqueleto duro es desechado

Cráneo de ostrero

Mejillón

PICO MARTILLADOR
El ostrero se alimenta de animales con conchas duras de la orilla del mar. Tiene un pico largo como la avoceta, pero no termina en una punta fina, sino roma. Este "martillo" le permite aplastar las conchas de sus presas. Esta clase de alimentación necesita habilidad considerable y algunos ostreros abren las conchas. Un ave experimentada sabe con precisión dónde están los puntos débiles en una cocha de mejillón o de berberecho y, si está en la arena, el ave lleva la concha a una roca para romperla.

Berberechos

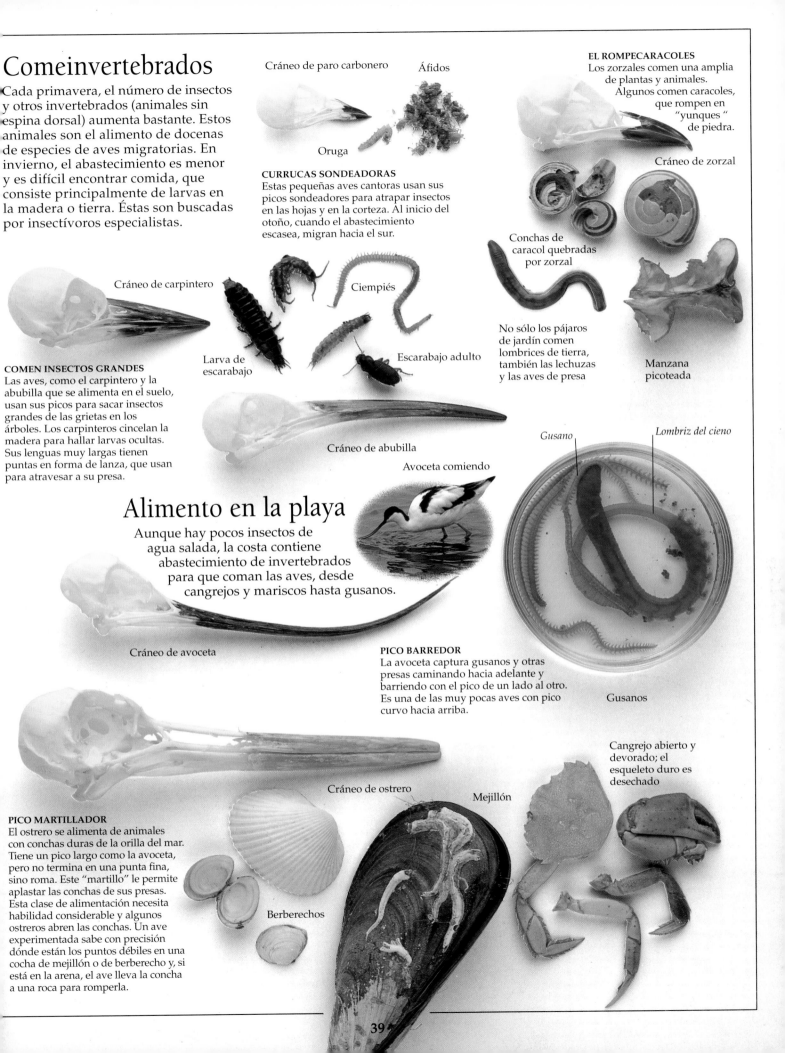

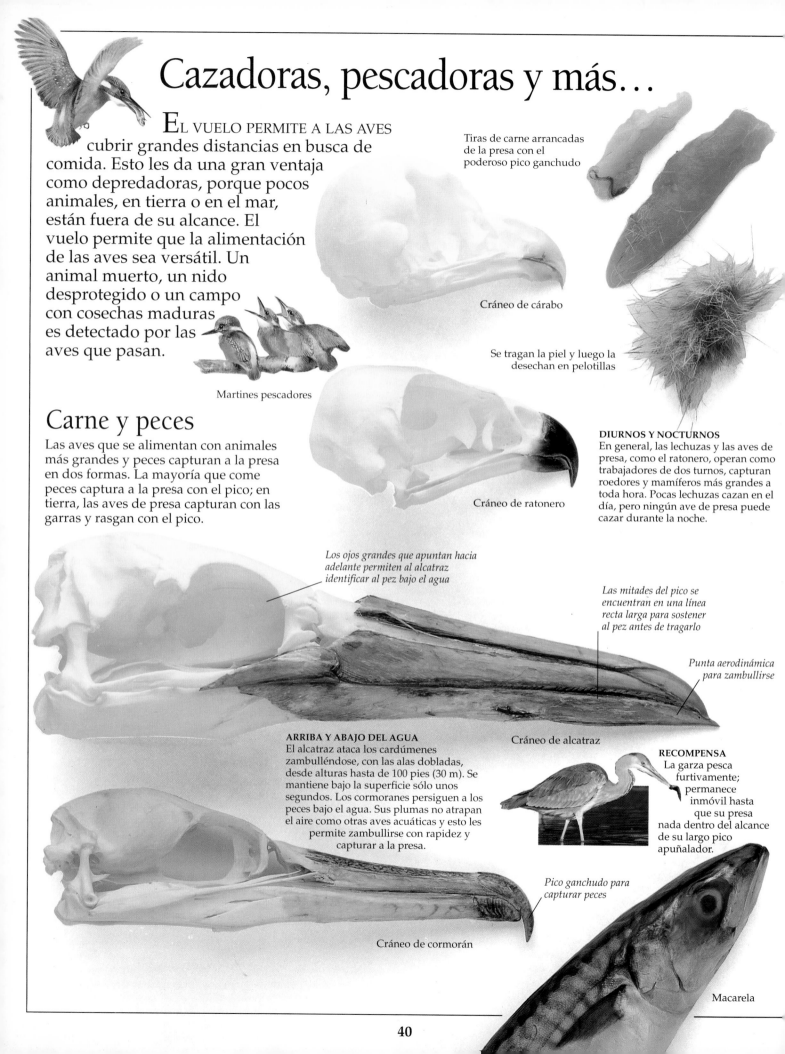

Cazadoras, pescadoras y más…

EL VUELO PERMITE A LAS AVES cubrir grandes distancias en busca de comida. Esto les da una gran ventaja como depredadoras, porque pocos animales, en tierra o en el mar, están fuera de su alcance. El vuelo permite que la alimentación de las aves sea versátil. Un animal muerto, un nido desprotegido o un campo con cosechas maduras es detectado por las aves que pasan.

Martines pescadores

Tiras de carne arrancadas de la presa con el poderoso pico ganchudo

Cráneo de cárabo

Se tragan la piel y luego la desechan en pelotillas

Carne y peces

Las aves que se alimentan con animales más grandes y peces capturan a la presa en dos formas. La mayoría que come peces captura a la presa con el pico; en tierra, las aves de presa capturan con las garras y rasgan con el pico.

Cráneo de ratonero

DIURNOS Y NOCTURNOS
En general, las lechuzas y las aves de presa, como el ratonero, operan como trabajadores de dos turnos, capturan roedores y mamíferos más grandes a toda hora. Pocas lechuzas cazan en el día, pero ningún ave de presa puede cazar durante la noche.

Los ojos grandes que apuntan hacia adelante permiten al alcatraz identificar al pez bajo el agua

Las mitades del pico se encuentran en una línea recta larga para sostener al pez antes de tragarlo

Punta aerodinámica para zambullirse

Cráneo de alcatraz

ARRIBA Y ABAJO DEL AGUA
El alcatraz ataca los cardúmenes zambulléndose, con las alas dobladas, desde alturas hasta de 100 pies (30 m). Se mantiene bajo la superficie sólo unos segundos. Los cormoranes persiguen a los peces bajo el agua. Sus plumas no atrapan el aire como otras aves acuáticas y esto les permite zambullirse con rapidez y capturar a la presa.

RECOMPENSA
La garza pesca furtivamente; permanece inmóvil hasta que su presa nada dentro del alcance de su largo pico apuñalador.

Pico ganchudo para capturar peces

Cráneo de cormorán

Macarela

Una dieta mixta

No se necesita mucha inteligencia para comer semillas, pero las aves que sobreviven con una dieta mixta deben vivir de su ingenio. Estas carroñeras aprovechan cualquier oportunidad para obtener comida, cuando otras aves dudarían y fallarían. Comen desperdicios de comida, basura casera y otros alimentos.

COMEN METAL
Las avestruces son famosas por ser carroñeras. Se sabe que han comido metal, a veces con resultados fatales.

Los cuervos comen toda clase de restos animales y son adeptos a hallar animales muertos en las carreteras

Semillas de campos y granjas

Cráneo de urraca

Escarabajo de tierra

Ciempiés

Suelen tragar insectos e invertebrados enteros y los regurgitan parcialmente en pelotillas

Cráneo de cuervo

Huevo abierto después de ser robado del nido

Cráneo de graja

CUERVOS SIEMPRE ADAPTABLES
Los miembros de la familia del cuervo están entre las aves con alimentación general más exitosa en su mundo. Hay pocos sitios donde no estén. Uno de los motivos de su éxito es su naturaleza inquisitiva, respaldada por osadía y un pico fuerte para todo uso. Insectos, pájaros muertos, mamíferos vivos, gusanos y semillas están en su menú. Lo que no pueden comerse, se lo llevan para inspección posterior.

Lombriz de tierra

Las nueces comidas por aves tienen hoyos con bordes ásperos; las comidas por roedores tienen marcas de dientes

Larva de libélula con cuerpo ancho

Renacuajo de sapo

Lenteja de agua

Caracol acuático

Caracol de estanque grande

Cráneo de focha

OPORTUNISTA DE AGUA DULCE
La focha es un ave chica agresiva de lagos y ríos. Come cualquier tipo de vida acuática que encuentre, no sólo hierbas acuáticas, caracoles, renacuajos y peces, sino también aves jóvenes. Los patos jóvenes están en riesgo de ataques de fochas.

Algas

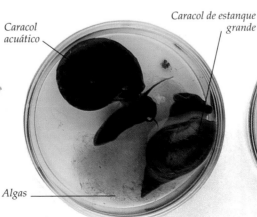

Caracoles de agua dulce que se mueven despacio

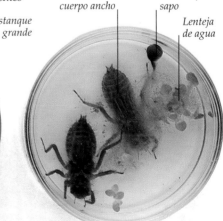

Animales y plantas que comen las fochas en estanques poco profundos

Las pelotillas

LAS AVES DEPREDADORAS, como la lechuza, se alimentan de mamíferos y aves pequeños, pero como no tienen dientes, no pueden masticar su comida. Desgarran su presa o se la comen entera. Esto significa que se tragan gran cantidad de huesos, piel y plumas, que no pueden digerir. Una o dos veces al día regurgitan estos sobrantes, empacados como pelotillas. La forma de la pelotilla identifica la especie de ave que la produjo y el contenido indica qué comió.

PELOTILLAS EN CAMPO ABIERTO
La lechuza campestre caza en el día campañoles y aves jóvenes en pastizales y pantanos. Sus pelotillas son cilíndricas con extremos redondos. Esta especie particular de lechuza no deja caer sus pelotillas desde la percha; las disemina alrededor de montecillos de hierba.

Extremos redondos

Hueso de extremidad de roedor

Extremos romos

Corteza oscura lisa

PELOTILLAS BAJO LA PERCHA
Las pelotillas lisas y casi negras de la lechuza común son fáciles de identificar. Suelen acumularse en pilas chicas bajo las perchas en graneros y otras construcciones viejas.

Pelotilla reciente aún compacta

Pelotilla vieja que empieza a desintegrarse

Extremos puntiagudos

Huesos salientes, típicos de pelotillas de cárabo

Élitro de escarabajo

Tierra y piel

PELOTILLAS EN PARQUES Y JARDINES
Las pelotillas de cárabo son las únicas que comúnmente se encuentran en parques, donde suele anidar, en suburbios y en el campo. El cárabo come campañoles, ratones, musarañas, pájaros y animales chicos. Sus pelotillas son lisas y suelen tener extremos puntiagudos. Las que llevan tiempo en el suelo se desmoronan y muestran una masa de huesos y piel.

UNA DIETA VARIADA
Todas estas pelotillas son de lechuzas chicas. Muestran cómo la dieta de un ave altera la apariencia de sus pelotillas. Las más chicas contienen piel y tierra (ésta ultima se produce por haber comido lombrices de tierra). Las pelotillas más grandes contienen tierra y cantidades pequeñas de piel, pero también patas y élitros de escarabajos.

Pata de escarabajo

Fragmentos de concha

Élitros de escarabajos mezclados con material de plantas

Cáscaras de semillas y fragmentos de concha

Después de digerir la pulpa suave de las bayas quedan las semillas

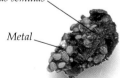

Metal

Hueso de extremidad de roedor

Piel

AVES ZANCUDAS
El zarapito y otras aves zancudas comen animales con concha dura, como cangrejos. Sus pelotillas contienen fragmentos de estas conchas, mezclados a veces con cáscaras de semillas.

PELOTILLAS DE CUERVO
Los cuervos y sus parientes comen todo tipo de comida. Sus pelotillas tienen restos de insectos y tallos de plantas.

PÁJARO CANTOR
El zorzal y el mirlo producen pelotillas que contienen semillas. Esta muestra contiene también un pedazo chico de metal.

PELOTILLAS DE HALCÓN
Las aves como el cernícalo y el halcón peregrino producen pelotillas que contienen restos de aves, mamíferos e insectos.

Interior de pelotilla

Al desmenuzar una pelotilla de lechuza, es posible saber algo sobre su dieta. Aquí, se abrieron dos pelotillas de cárabo. La primera enseña que el cárabo que la produjo comió sólo campañoles (tres de estos mamíferos chicos fueron la caza nocturna del ave). La segunda pelotilla muestra una historia muy diferente y sorprendente.

PELOTILLA COMPLETA
Cuando la pelotilla se seca, la piel y los huesos están unidos

La piel, mezclada con mucosidad, forma el "pegamento" que une la pelotilla

Se pueden identificar los roedores por la forma de sus dientes. Estos son de un campañol

Tres cráneos de campañol, dos intactos

Dientes

Mandíbula completa

Incisivos

Los dos lados de la mandíbula suelen separarse en el estómago de la lechuza y también se separan del cráneo

La rótula en el hueso de la pierna encaja en esta cavidad

Huesos de cadera con cuencas para articulación de la pierna

Huesos de extremidades delanteras

Escápulas que se unen a las patas delanteras

Huesos de piernas, algunos en pares como debieron estar en vida

Costillas curvas con lados planos

Vértebras: huesos distintivos que forman la espina dorsal

SE ALIMENTAN DE OTRAS AVES

Aunque se piensa que las lechuzas viven sólo de roedores, estos huesos de estornino muestran que esas aves están en la dieta del cárabo. Sorprendentemente, el cárabo se tragó y regurgitó el cráneo grande del estornino casi intacto. Las plumas, como la piel y las garras, están hechas de proteína no digerible y tienen que expulsarse junto con los huesos.

Cráneo de estornino

Mitad inferior del pico

Vértebras de estornino

Fúrcula (parte del hombro)

Pierna con garra completa aún unida

Pata

Garra

Costillas

Plumas corporales tragadas

Plumas remeras, algunas con el cálamo partido en dos

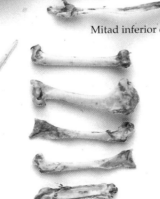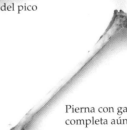

Huesos de pierna y ala

Los nidos

LA CONSTRUCCIÓN DE NIDOS es una tarea con dos partes conjuntas: recoger los materiales y colocarlos en el nido terminado. El tiempo dedicado a recolectar depende de lo lejos que estén los materiales: un carricero casi no tiene que moverse para encontrar hojas de carrizos secas, mientras que una golondrina debe encontrar un charco que le proporcione la clase de lodo que necesita. Las aves siguen una secuencia especial de movimientos para trabajar el material en sus nidos. Cuando un ave regresa con materiales a su nido con forma cóncava, primero los empuja en su lugar. Luego se posa en el centro del nido y empieza a dar vueltas, empujando hacia abajo y hacia afuera con el pecho. Este movimiento circular, que da al interior del nido su forma, lo comparten todas las aves. Las aves con nidos cóncavos giran y empujan, y las aves como las garzas giran y pisotean, tirando de palitos individuales en la plataforma del nido al moverse.

MATERIALES NATURALES

Los materiales del nido tienen dos funciones: apoyo y aislamiento. Las aves de setos y bosques usan palitos para la estructura principal de sus nidos y añaden un forro aislante que puede ser de plumas, semillas o piel de animal. Los aviones y algunas golondrinas hacen sus nidos sólo de lodo. Aves insectívoras, como el vencejo, atrapan fibras en el aire con el pico para el nido.

LODO
Mezclado con saliva forma una pasta pegajosa.

SEMILLAS
Se usan en el nido para aislamiento.

HOJAS Y AGUJAS
Usadas para el interior de nidos cóncavos.

RAMITAS
Material estructural principal en nidos grandes.

MATERIALES FABRICADOS

Cualquier cosa que pueda transportarse quizá termine en el nido de un ave. Los pichones han anidado en camas de clavos y las fochas sobre bolsas de plástico. Las cigüeñas incorporan ropa vieja y basura en sus nidos voluminosos.

Corneja negra

CUERDAS
Tramos chicos se encuentran en muchos nidos.

RESTOS DE METAL
Suelen recogerlos los cuervos y las urracas.

CORDEL PLÁSTICO
Favorito de aves que anidan en cultivos.

PAPEL Y PAPEL DE SEDA
Encontrado en nidos de muchas aves de ciudad.

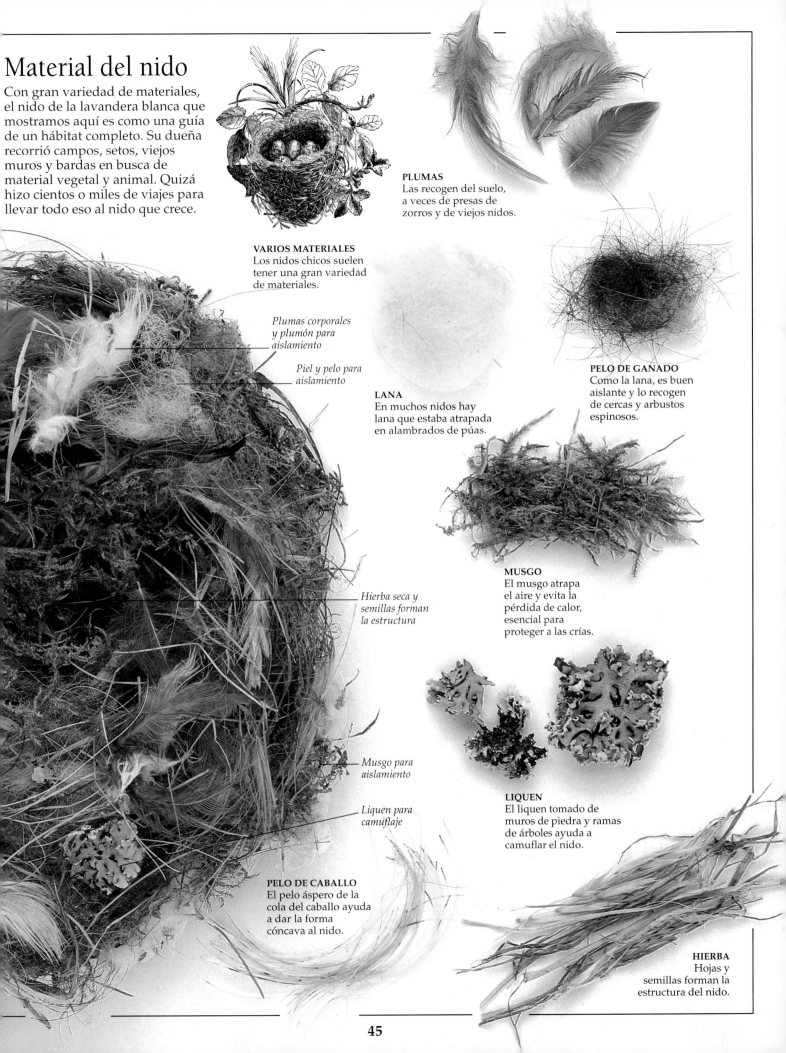

Material del nido

Con gran variedad de materiales, el nido de la lavandera blanca que mostramos aquí es como una guía de un hábitat completo. Su dueña recorrió campos, setos, viejos muros y bardas en busca de material vegetal y animal. Quizá hizo cientos o miles de viajes para llevar todo eso al nido que crece.

PLUMAS
Las recogen del suelo, a veces de presas de zorros y de viejos nidos.

VARIOS MATERIALES
Los nidos chicos suelen tener una gran variedad de materiales.

Plumas corporales y plumón para aislamiento

Piel y pelo para aislamiento

LANA
En muchos nidos hay lana que estaba atrapada en alambrados de púas.

PELO DE GANADO
Como la lana, es buen aislante y lo recogen de cercas y arbustos espinosos.

Hierba seca y semillas forman la estructura

MUSGO
El musgo atrapa el aire y evita la pérdida de calor, esencial para proteger a las crías.

Musgo para aislamiento

Liquen para camuflaje

LIQUEN
El liquen tomado de muros de piedra y ramas de árboles ayuda a camuflar el nido.

PELO DE CABALLO
El pelo áspero de la cola del caballo ayuda a dar la forma cóncava al nido.

HIERBA
Hojas y semillas forman la estructura del nido.

45

Nidos cóncavos

Los nidos de los pájaros son estructuras muy variables. Pueden ser pequeñas repisas de saliva pegadas a las paredes de cuevas, largos túneles de varios metros en el suelo o, en el caso de algunas águilas, voluminosas pilas de ramas que pesan más que un auto familiar. Los nidos más comunes sin duda son los nidos cóncavos, construidos por aves de bosques, setos y granjas. A pesar de su similitud en la forma general, los detalles finos de estos nidos identifican a sus creadores en forma tan segura como una huella dactilar.

Nido de grajos en una veleta

Pinzón vulgar en nido

Un cuenco de musgo y liquen forma la estructura principal del nido

Plumas de otras aves proporcionan aislamiento

Musgo seco

Capa de pelo y plumas aísla los huevos y los polluelos

Candelita

CIMIENTOS DE TELARAÑA

Para hacer su nido, el pinzón vulgar une primero trozos de telaraña alrededor de un grupo de ramas ahorquilladas. Éstas son las anclas del nido, y luego de asegurarse de que están firmes, el ave construye el cuenco con musgo, liquen y hierba; lo recubre con plumas y pelo. Recoger estos materiales para el nido es tarea laboriosa. Si por algún motivo el pinzón decide que el sitio de su nido no es seguro, transfiere los materiales a un nuevo sitio para evitar demasiado trabajo extra.

CAPA DE PLUMAS DE INTERMEDIARIO

Las plumas son parte importante de muchos nidos de aves. Pájaros cantores como la candelita, cuyo nido mostramos, recogen plumas de otras aves; las aves acuáticas y las zancudas usan sus propias plumas. Algunas aves chicas, como los gorriones, mejoran el abastecimiento natural arrancando plumas del lomo de aves más grandes.

Capa de lodo

Zorzal alimentando a crías

Cóncavo externo

OBRA DE ARTE EN BARRO

Muchos constructores de nidos cóncavos usan lodo para hacerlos, y en la mayoría de los casos lo aplican como una capa debajo del recubrimiento final de plumas, pelo o hierba. El zorzal está fuera de lo común al usar lodo para el recubrimiento en sí. Forma un cuenco externo resistente de ramitas y hierba y luego coloca el recubrimiento semilíquido alrededor del interior. Aunque la mayor parte de la mezcla es lodo, también contiene saliva y excremento animal. El recubrimiento se endurece. Aun cuando las aves dejan el nido, éste soporta la lluvia por muchos meses.

Nidos en edificios

Aunque las aves tardaron millones de años en desarrollar sus habilidades para construir nidos, con rapidez utilizan cualquier nuevo sitio disponible. Las casas de piedra y de ladrillo son relativamente recientes en la Tierra. En los pocos miles de años que tienen de existencia, algunas aves, en particular aviones, vencejos, golondrinas y cigüeñas, residen ahí en gran número. Cornisas y alféizares de ventanas son hogar ideal para aves que anidan en riscos; las aves que originalmente anidaban en las copas de los árboles usan azoteas y chimeneas; las especies de setos usan huecos, repisas y cobertizos.

SUSTITUTO DEL ÁRBOL
Las cigüeñas forman sus nidos de ramitas en chimeneas y azoteas de edificios. Un par de cigüeñas regresa al mismo sitio cada año.

RISCOS ARTIFICIALES
Golondrinas y aviones fijan sus nidos de lodo en salientes y muros verticales.

ALTURA DE SETO
Las aves de setos eligen sitios por altura. La escoba fue ideal para el mirlo.

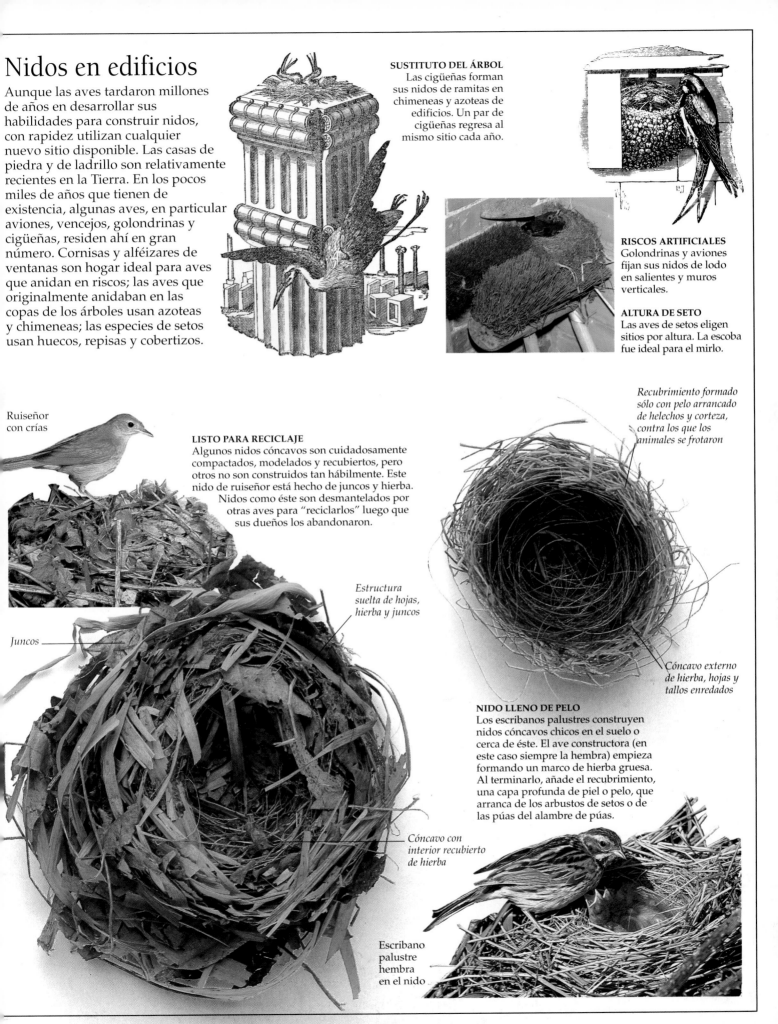

Ruiseñor con crías

LISTO PARA RECICLAJE
Algunos nidos cóncavos son cuidadosamente compactados, modelados y recubiertos, pero otros no son construidos tan hábilmente. Este nido de ruiseñor está hecho de juncos y hierba. Nidos como éste son desmantelados por otras aves para "reciclarlos" luego que sus dueños los abandonaron.

Recubrimiento formado sólo con pelo arrancado de helechos y corteza, contra los que los animales se frotaron

Estructura suelta de hojas, hierba y juncos

Juncos

Cóncavo externo de hierba, hojas y tallos enredados

NIDO LLENO DE PELO
Los escribanos palustres construyen nidos cóncavos chicos en el suelo o cerca de éste. El ave constructora (en este caso siempre la hembra) empieza formando un marco de hierba gruesa. Al terminarlo, añade el recubrimiento, una capa profunda de piel o pelo, que arranca de los arbustos de setos o de las púas del alambre de púas.

Cóncavo con interior recubierto de hierba

Escribano palustre hembra en el nido

Nidos insólitos

Los antepasados de los pajáros modernos quizá construyeron nidos que eran simples depresiones en el suelo. Aunque algunas aves aún hacen nidos como éstos, otras elevaron la construcción de nidos a una artesanía suprema, tejiendo nidos de gran complejidad. Sorprendentemente, ninguno de estos arquitectos comprende lo que hace. La construcción de nidos es instintiva; aunque un ave mejora con la práctica, no necesita entrenamiento y es incapaz de apartarse de su diseño.

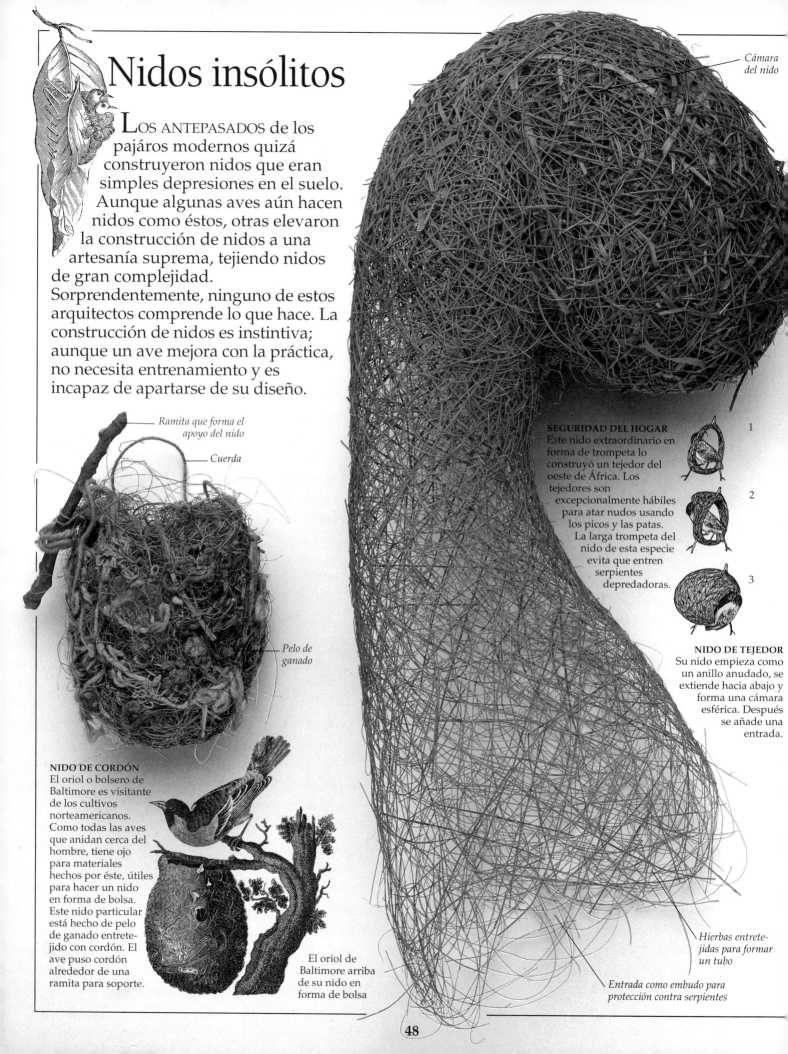

Cámara del nido

Ramita que forma el apoyo del nido

Cuerda

Pelo de ganado

SEGURIDAD DEL HOGAR
Este nido extraordinario en forma de trompeta lo construyó un tejedor del oeste de África. Los tejedores son excepcionalmente hábiles para atar nudos usando los picos y las patas. La larga trompeta del nido de esta especie evita que entren serpientes depredadoras.

1

2

3

NIDO DE TEJEDOR
Su nido empieza como un anillo anudado, se extiende hacia abajo y forma una cámara esférica. Después se añade una entrada.

NIDO DE CORDÓN
El oriol o bolsero de Baltimore es visitante de los cultivos norteamericanos. Como todas las aves que anidan cerca del hombre, tiene ojo para materiales hechos por éste, útiles para hacer un nido en forma de bolsa. Este nido particular está hecho de pelo de ganado entretejido con cordón. El ave puso cordón alrededor de una ramita para soporte.

El oriol de Baltimore arriba de su nido en forma de bolsa

Hierbas entretejidas para formar un tubo

Entrada como embudo para protección contra serpientes

48

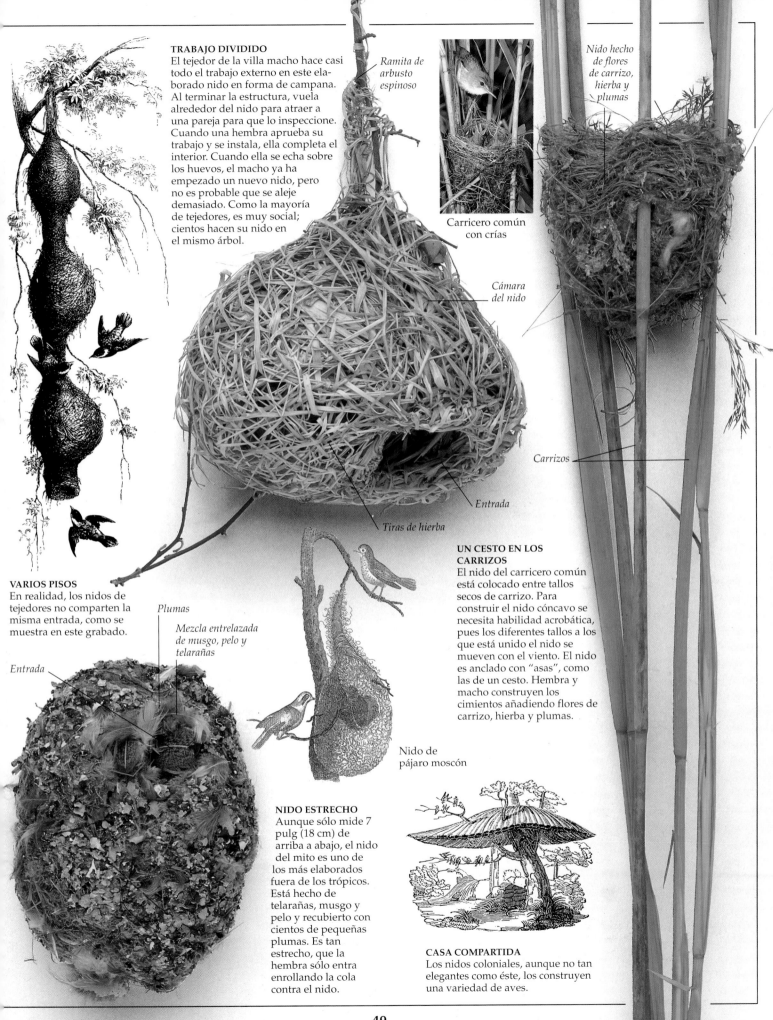

TRABAJO DIVIDIDO

El tejedor de la villa macho hace casi todo el trabajo externo en este elaborado nido en forma de campana. Al terminar la estructura, vuela alrededor del nido para atraer a una pareja para que lo inspeccione. Cuando una hembra aprueba su trabajo y se instala, ella completa el interior. Cuando ella se echa sobre los huevos, el macho ya ha empezado un nuevo nido, pero no es probable que se aleje demasiado. Como la mayoría de tejedores, es muy social; cientos hacen su nido en el mismo árbol.

Ramita de arbusto espinoso

Nido hecho de flores de carrizo, hierba y plumas

Carricero común con crías

Cámara del nido

Carrizos

Entrada

Tiras de hierba

VARIOS PISOS

En realidad, los nidos de tejedores no comparten la misma entrada, como se muestra en este grabado.

Plumas

Mezcla entrelazada de musgo, pelo y telarañas

Entrada

UN CESTO EN LOS CARRIZOS

El nido del carricero común está colocado entre tallos secos de carrizo. Para construir el nido cóncavo se necesita habilidad acrobática, pues los diferentes tallos a los que está unido el nido se mueven con el viento. El nido es anclado con "asas", como las de un cesto. Hembra y macho construyen los cimientos añadiendo flores de carrizo, hierba y plumas.

Nido de pájaro moscón

NIDO ESTRECHO

Aunque sólo mide 7 pulg (18 cm) de arriba a abajo, el nido del mito es uno de los más elaborados fuera de los trópicos. Está hecho de telarañas, musgo y pelo y recubierto con cientos de pequeñas plumas. Es tan estrecho, que la hembra sólo entra enrollando la cola contra el nido.

CASA COMPARTIDA

Los nidos coloniales, aunque no tan elegantes como éste, los construyen una variedad de aves.

Huevos de zancudas y marinas

EL TIPO DE HUEVOS que ponen los pájaros depende de cómo viven. Las aves marinas verdaderas (que sólo llegan a tierra para reproducirse) suelen poner un huevo en salientes rocosas, lejos de depredadores. Las aves zancudas ponen más huevos. En costas y estuarios hay poca protección para sus nidos, así que camuflan los huevos.

Gaviotas

ADOPTIVOS
Una polla de mar puede "escabullir" el primer huevo de su nidada en el nido de otra ave para que la vecina sin saberlo lo cuide. Luego, se dedica a cuidar una docena de sus huevos.

☞ **AVISO**
Todos los huevos aquí mostrados son de colecciones de mu-seo establecidas. Es ilegal comerciar con huevos silvestres o recogerlos. ☜

HUEVOS DE GOLONDRINA DE MAR
La golondrina de mar pone dos o tres huevos a la vez en una depresión en el suelo, generalmente en guijarros. El diseño de los huevos los hace indistinguibles de las piedras alrededor.

Pato cuchareta

Huevo muy pequeño

Huevo normal

VARIACIONES EN TAMAÑO
Así como una camada de mamíferos puede tener un espécimen de tamaño menor al normal, lo mismo sucede con los huevos. Éstos dos son de pato cuchareta. Como la mayoría de patos, pone muchos huevos, entre ocho y 12.

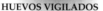

HUEVOS VIGILADOS
Los huevos del charrán común son muy defendidos por sus padres. Durante la incubación, las aves atacan a cualquier intruso, incluso humanos, lanzándose directamente.

HUEVOS DE GAVIOTA
Muchas gaviotas ponen sus huevos en el suelo, donde el camuflaje es importante. Este huevo es de una de las más grandes, el gavión del Atlántico. Su color manchado lo oculta de depredadores, que incluyen a otras gaviotas, en las cuatro semanas de incubación.

HUEVO QUE RETROCEDE
El arao pone uno de los huevos con forma más sorprendente y color variado de todas las aves. Los araos no construyen nidos. Cada hembra pone un solo huevo directamente en una saliente de risco. La forma puntiaguda del huevo evita que ella por accidente lo tire de su nicho. Si él empieza a rodar, se regresa en círculo y no avanza en línea recta. Los diferentes colores son más difíciles de explicar. Quizá ayuden a los padres a reconocer sus huevos entre miles en una colonia de araos.

Arao

Huevo crema y marrón

Huevo blanco

Huevo gris veteado

CAMUFLAJE Y CONFUSIÓN
El chorlitejo chico pone sus huevos sobre grava y guijarros cerca del agua, donde los huevos son protegidos por su color de camuflaje. Si un intruso se acerca al nido, los padres vuelan directamente hacia él, hacia la fuente de peligro, y se desvían en el último minuto, en un intento por distraer la atención de los huevos. Cuando los huevos incubaron, esta distracción es más elaborada; los padres se alejan de las crías para confundir a los depredadores.

DESARROLLO LENTO
El huevo único del fulmar necesita siete semanas y media de incubación antes de empollar. Pone el huevo en una saliente de risco y su color indica que hay poca necesidad de camuflaje, por estar lejos del alcance de depredadores.

Huevo de nidada oscura

Huevo de nidada moteada

Huevo de nidada clara

COLORES EN UNA NIDADA
Cada uno de estos tres huevos es de un ave zancuda chica. Muchos huevos camuflados varían bastante en diseño y color entre nidadas. Dentro de una nidada, los huevos son bastante similares.

Becada

HUEVO CON DOBLE PUNTA
El somormujo lavanco pone sus huevos con forma simétrica sobre una pila de vegetación acuática. Casi todos tienen huevos con puntas poco comunes; se desconoce el motivo.

Zarapito

ZANCUDA PESADA
Puntiagudo en un extremo y romo en el otro, el huevo de zarapito es fácil de identificar. Como la mayoría de las zancudas, pone su nidada en una "raspadura" en el suelo.

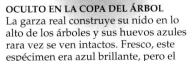

OCULTO EN LA COPA DEL ÁRBOL
La garza real construye su nido en lo alto de los árboles y sus huevos azules rara vez se ven intactos. Fresco, este espécimen era azul brillante, pero el color se desvaneció con los años.

EN LA ORILLA DEL AGUA
Los colimbos son aves que comen peces de agua dulce. Son torpes en tierra y ponen sus huevos café oscuro en la orilla del agua para disminuir el riesgo de peligro.

INCUBACIÓN RÉCORD
El albatros pone el huevo más grande y pesado de cualquier ave acuática; algunos pesan más de 1.1 libras (500 g). Sus huevos tienen el período de incubación más largo de las aves: los padres se posan sobre un solo huevo dos meses y medio.

Albatros

51

Huevos de aves terrestres

LOS PÁJAROS TERRESTRES CHICOS, como los que comen semillas e insectos, ponen huevos chicos. Muchos producen nidadas grandes, a veces de más de una docena, y otros pasan con rapidez por el ciclo de reproducción y tienen varias nidadas en una sola temporada. Las aves grandes ponen menos huevos. Las águilas y los buitres producen una nidada chica al año.

Algunos de estos huevos perdieron la intensidad de su color original por el tiempo

OCULTO EN BROZA
El ruiseñor hace su nido en arbustos bajos. Sus huevos cafés quedan ocultos en las sombras producidas por las hojas y las ramas.

Huevo de paro carbonero   Huevo de paro azul

NIDADA PESADA
Los paros, incluyendo el paro carbonero, el paro azul y el paro carbonero norteamericano, ponen hasta 15 huevos y cada nidada pesa hasta una tercera parte más que el ave.

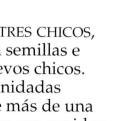

EN EL SUELO
Los fringilinos son aves similares a los gorriones que ponen sus huevos en el suelo o cerca de éste. El huevo es de un fringilino triguero, especie poco común porque siete hembras pueden compartir el mismo macho.

Huevo de mosquitero silbador   Huevo de carricero poliglota

VISITANTES EN VERANO
La mayoría de las 400 especies de currucas que hay en el mundo migran para reproducirse. Su llegada coincide con la explosión anual de la población de insectos, que son comida para la familia de seis crías en promedio.

Pinzón vulgar   Pirogordo

PRINCIPIANTES LENTOS
Los pinzones ponen entre cuatro y seis huevos en árboles y arbustos. Algunos pinzones no ponen huevos hasta principio del verano, cuando hay semillas, su comida principal.

Huevo de lechuza

Huevo de mochuelo

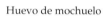

COLOR AÑADIDO
Colores de superficie, como las vetas café y gris en este huevo de oriol de Baltimore, se forman horas antes de poner el huevo.

Oriol de Baltimore

PONE MENOS
La paloma torcaz, ave típica de tamaño medio, pone dos huevos. Juntos pesan menos de una décima parte que la madre, proporción menor comparada con los huevos de aves más chicas.

HUEVOS MUY VISIBLES
Los huevos de lechuza son blancos, casi esféricos, con superficie lustrosa. La forma redonda es típica de muchos huevos puestos en hoyos. El color de los huevos de lechuza puede ser para permitir que la madre los vea, o bien, evolucionaron porque no necesitaban el camuflaje.

Búho chico

NIDOS EN CHIMENEAS
El grajillo, miembro de la familia del cuervo, pone sus huevos en hoyos, ya sea en árboles, salientes rocosas o edificios. Las chimeneas son uno de sus sitios favoritos, a veces con resultados desastrosos.

Huevo normal   Huevo demasiado grande

HUEVOS ANORMALES
Durante el proceso de producción de huevos, a veces las cosas no resultan bien. Un solo huevo puede tener dos yemas o ser de diferente tamaño que uno normal. Los que aquí se muestran son huevos de cuervo.

Corneja cenicienta

CAMUFLAJE EN PANTANO
Al ver un huevo de urogallo camuflado se nota que anida en el suelo. Las manchas de color ayudan a ocultar las nidadas de hasta diez huevos durante el largo mes de incubación, entre brezos y helechos.

Huevo de cuco

Huevo de petirrojo

Huevo de acentor

Huevo de cuco

MAL CONJUNTO
El cuco europeo tiene demasiados anfitriones como para lograr igualar todos sus huevos.

PRODUCCIÓN CONTINUA
La nidada de cuatro huevos del mirlo es típica de la familia del zorzal. Todos tienen la habilidad de criar a más de una familia en un año. Si las condiciones son muy buenas, un mirlo hembra puede poner hasta cinco nidadas en una temporada. El invierno mata a muchas crías y pocas sobreviven al año siguiente.

ENGAÑO DEL CUCO
El cuco pone sus huevos en los nidos de otras aves. Las aves anfitrionas, como los petirrojos, siempre son más chicas que él, que ha desarrollado huevos pequeños para un ave de su tamaño. Un cuco trató de igualar el color de su huevo (a.) con los del petirrojo.

Cuco

TORDO AMERICANO
Esta ave es miembro de la familia del zorzal, a diferencia del petirrojo europeo.

DISFRAZ DIURNO
El chotacabras nocturno no hace un nido, pone su par de huevos en suelo áspero. El camuflaje de los huevos es casi tan bueno como el de la madre (pág. 31).

ANIDA EN HOYOS
Muchos carpinteros taladran hoyos en los árboles para sus nidos. Sus huevos son similares a los de las lechuzas: son blancos y lustrosos.

CRIADO EN AZOTEAS
El cernícalo pone una nidada de cuatro a seis huevos. Suele anidar en edificios de la ciudad, donde los huevos peligran en canales de tejados y salientes de ventanas.

HALCÓN VULNERABLE
El gavilán sufrió como resultado del envenenamiento causado por el insecticida DDT, pero ya se recuperó. El huevo es azul brillante cuando lo pone y luego palidece.

HALCÓN COMEPECES
El halieto, una de las aves más diseminadas en el mundo, tiene huevos de color muy variable. Tardan cinco semanas en incubarse.

BUITRE EGIPCIO
El buitre egipcio pone sus huevos en lo alto de los riscos y en entradas de cuevas. Cuando es adulto, se alimenta con huevos de otras aves grandes y los rompe con una piedra.

UNA DE UN PAR
Las águilas ponen huevos en nidadas de dos. A diferencia de las aves chicas, que ponen un huevo al día, las águilas dejan un intervalo de varios días entre los dos.

DESARROLLO LENTO
Los ratoneros ponen entre dos y cuatro huevos en una nidada. La incubación tarda más de cinco semanas y las crías permanecen en el nido seis semanas más. Los padres sólo pueden criar una camada al año.

Huevos extraordinarios

EL AVE MÁS GRANDE viva, el avestruz, pone un huevo que es 4,500 veces más pesado que el del ave más pequeña, el colibrí. Retrocediendo en el tiempo, una de las aves más pesadas que ha existido, el pájaro elefante, ponía huevos en los que cabrían siete huevos de avestruz y quedaría espacio. La diversidad extraordinaria en tamaños de las especies de aves se pone de manifiesto en sus huevos.

EL ROCHO
Esta ave de *Las mil y una noches* quizá existió, no como un habitante del aire, sino como el enorme pájaro elefante de Madagascar que no volaba.

HUEVO DE COLIBRÍ
Cada huevo pesa una quinta parte del peso del ave adulta.

HUEVO DE AVESTRUZ
Pesa hasta 3.3 libras (1.5 kg), la centésima parte del peso del adulto.

Colibríes

MÁS LIGERO QUE LA PLUMA
Los colibríes ponen los huevos más chicos de cualquier ave. El más pequeño de éstos mide 0.4 pulg (1 cm) de extremo a extremo y pesa 0.01 onzas (0.35 g). Los huevos de colibrí tienen una pronunciada forma cilíndrica y sólo ponen dos en un pequeño nido cóncavo. Las crías tardan tres semanas en emplumar y dejar el nido para valerse por sí mismas.

Cascarón de casi 0.8 pulg (2 mm) de espesor

AGRUPADOS
El avestruz pone el huevo más grande de cualquier ave viva. Aunque una sola hembra pone una nidada de diez huevos, más de un ave puede poner en el mismo lugar, ayudando a crear una pila de quizá 50 huevos.

Avestruz

HUEVO DE EMÚ
Pesa más de un centé-simo del peso del adulto.

HUEVO DE KIWÍ
Pesa casi una cuarta parte del peso del adulto.

HUEVO QUE CAMBIA DE COLOR
Cuando el emú australiano pone los huevos, son de color verde opaco; después de unos días son negros y lustrosos. Como el avestruz, el emú es un progenitor pródigo. Un ave pone hasta diez huevos que pesan 1.5 libras (700 g) cada uno.

Emú

HUEVO GRANDE DE KIWÍ
El kiwí, del tamaño de un pollo, pone el huevo de ave más grande en proporción a su cuerpo. Cada huevo pesa 1 libra (450 g) y la hembra de 3.75 libras (1.7 kg) suele poner uno. Su tarea continúa luego de poner el huevo; la incubación dura dos meses y medio.

Kiwí

HUEVO DE PÁJARO ELEFANTE
Pesa 3% del peso corporal del adulto.

EL HUEVO MÁS GRANDE
El ave que puso este huevo enorme, *Aepyornis titan* o "pájaro elefante", pesaba casi media tonelada y sus enormes huevos pesaban 26 libras (12 kg) cada uno, los más grandes que se hayan puesto. Los pájaros elefante vivían en Madagascar y aunque se extinguieron hace 700 años, se han encontrado huevos enteros y cascarones rotos en los pantanos de la isla. Estos huevos son dos veces más grandes que los de los dinosaurios.

Incubación

PARA ALGO TAN LIGERO, el cascarón de un huevo es sumamente fuerte y un ave que incuba debe pasar horas o días de trabajo arduo para romper esta barrera hacia el mundo exterior. Algunas aves incuban en un estado de poco desarrollo. Como crías, son inútiles y dependen totalmente de sus padres para la comida. Las aves "precociales", como estos faisanes, se desarrollan bien en la incubación y pronto se valen por sí mismas.

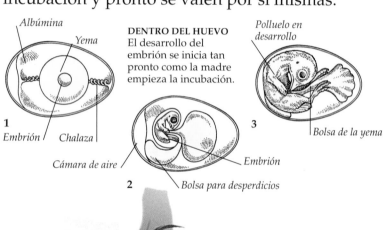

Albúmina

Yema

DENTRO DEL HUEVO
El desarrollo del embrión se inicia tan pronto como la madre empieza la incubación.

Polluelo en desarrollo

1

Embrión *Chalaza*

Cámara de aire

2

Bolsa para desperdicios

Embrión

3

Bolsa de la yema

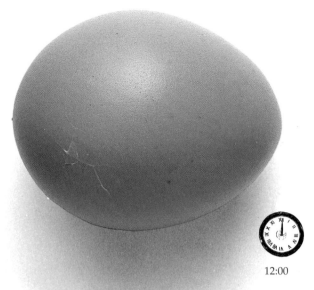

12:00

1 LISTO PARA SALIR DEL CASCARÓN
El preludio para salir del cascarón para un polluelo de faisán, como los de otras aves, empieza invisible. Aún encerrado en el cascarón, se voltea para que su pico apunte hacia el extremo romo del huevo. Con un movimiento de la cabeza, pica la cámara de aire. Ésta es parte decisiva del desarrollo del polluelo, pues al romper la cámara, respira aire por primera vez. Una vez que funcionan sus pulmones, llama a su madre desde el interior del huevo y la prepara para el inicio de la salida del cascarón.

12:30

4 TERMINACIÓN DEL CÍRCULO
Al picar el cascarón, el polluelo casi separó el extremo romo del resto del huevo. Trozos grandes de cascarón se separan del huevo cuando el polluelo se esfuerza por salir. Una nidada entera de huevos de faisán empolla en unas horas y cuando la cría llega a esta etapa, sus hermanos están en el proceso de salir del cascarón.

12:32

5 LOGRA CONTROL
Luego de cortar un círculo completo en el cascarón, la cría empieza a salir del huevo. Desde ahora, todo sucede con mucha rapidez. La cría sujeta sus dedos sobre el extremo del cascarón (los dedos están visibles aquí) y, cuando tiene un buen control, empieza a empujar con las patas y hombros. Con un esfuerzo, la punta roma del huevo se separa.

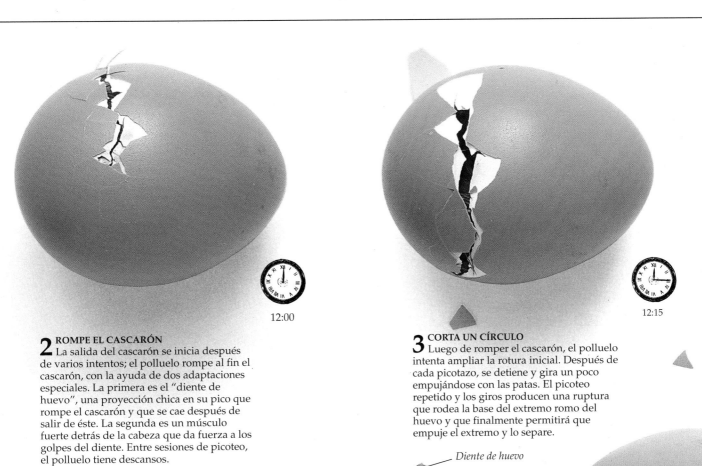

2 ROMPE EL CASCARÓN

La salida del cascarón se inicia después de varios intentos; el polluelo rompe al fin el cascarón, con la ayuda de dos adaptaciones especiales. La primera es el "diente de huevo", una proyección chica en su pico que rompe el cascarón y que se cae después de salir de éste. La segunda es un músculo fuerte detrás de la cabeza que da fuerza a los golpes del diente. Entre sesiones de picoteo, el polluelo tiene descansos.

12:00

3 CORTA UN CÍRCULO

Luego de romper el cascarón, el polluelo intenta ampliar la rotura inicial. Después de cada picotazo, se detiene y gira un poco empujándose con las patas. El picoteo repetido y los giros producen una ruptura que rodea la base del extremo romo del huevo y que finalmente permitirá que empuje el extremo y lo separe.

12:15

Diente de huevo

6 SEPARA EL CASCARÓN

Con las patas claramente visibles, el polluelo da otro empujón, el extremo romo del huevo se separa y queda como un sombrero en su cabeza. Este método, cuando la cabeza sale primero, lo comparten casi todas las aves. Las únicas excepciones son algunas zancudas y aves que viven en el suelo, que rompen sus huevos en pedazos o sacan primero las patas.

12:32

7 EN EL MUNDO EXTERIOR

Con un empujón final, el polluelo sale del cascarón que lo protegió durante las tres semanas y media de incubación. En dos horas, sus plumas se secarán y esponjarán, proporcionándole una chaqueta aislante que lo mantendrá caliente. Una vez que sucede esto, la carrera es para alimentarse y crecer. Las crías de faisán dejan el nido casi de inmediato y pueden volar en sólo dos semanas.

12:33

Desarrollo

Los pájaros que anidan en el suelo salen del cascarón en un estado bien desarrollado (pág. 56). Sin embargo, las crías de muchas aves que anidan en árboles y hoyos son casi como máquinas que se alimentan, similares a bolsas, con sistemas digestivos bien desarrollados; pero todo lo demás, incluyendo los ojos, no está totalmente formado. Esto no dura mucho tiempo. Abastecidas con bastante comida, las crías, como los paros azules, se desarrollan a ritmo prodigioso. Las crías de muchas especies aumentan su peso diez veces en diez días, y su desarrollo es tan rápido que pronto igualan a las aves que salen del cascarón ya emplumadas.

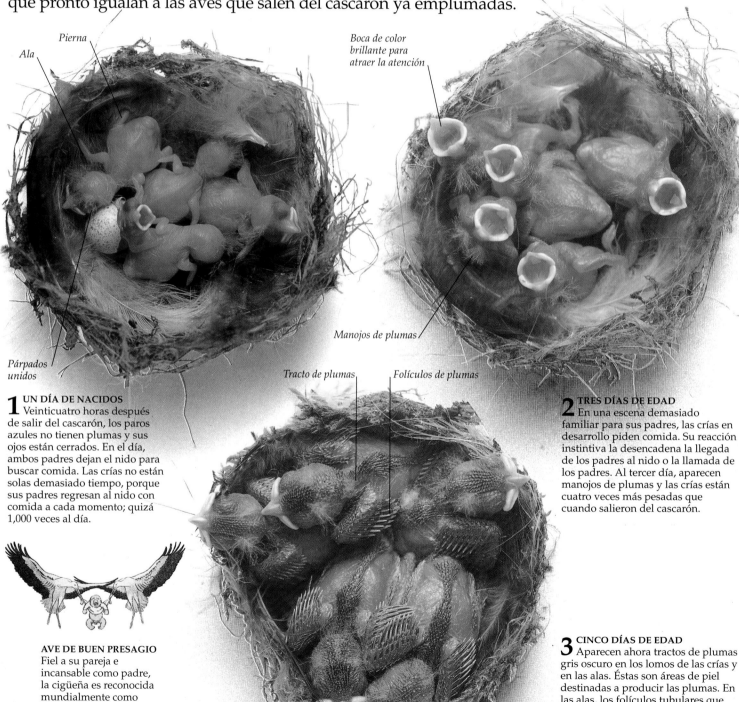

Ala

Pierna

Boca de color brillante para atraer la atención

Párpados unidos

Manojos de plumas

Tracto de plumas

Folículos de plumas

1 UN DÍA DE NACIDOS
Veinticuatro horas después de salir del cascarón, los paros azules no tienen plumas y sus ojos están cerrados. En el día, ambos padres dejan el nido para buscar comida. Las crías no están solas demasiado tiempo, porque sus padres regresan al nido con comida a cada momento; quizá 1,000 veces al día.

AVE DE BUEN PRESAGIO
Fiel a su pareja e incansable como padre, la cigüeña es reconocida mundialmente como símbolo del nacimiento de un bebé humano.

2 TRES DÍAS DE EDAD
En una escena demasiado familiar para sus padres, las crías en desarrollo piden comida. Su reacción instintiva la desencadena la llegada de los padres al nido o la llamada de los padres. Al tercer día, aparecen manojos de plumas y las crías están cuatro veces más pesadas que cuando salieron del cascarón.

3 CINCO DÍAS DE EDAD
Aparecen ahora tractos de plumas gris oscuro en los lomos de las crías y en las alas. Éstas son áreas de piel destinadas a producir las plumas. En las alas, los folículos tubulares que producirán y protegerán las plumas remeras ya se desarrollan.

Folículos de plumas

Puntas de plumas que brotan

ESCAPE DEL PELIGRO
Aunque casi todas las aves protegen sus nidos mediante engaño con simulación o agresión cuando son amenazados, algunos padres pueden levantar a sus crías y alejarlas. De acuerdo con la especie, usan su pico, patas o garras.

EMERGENCIA
Se dice que la becada sostiene a un polluelo entre las patas mientras vuela, aunque nunca se ha comprobado.

COMO PINZA
El rascón europeo carga a su cría en su largo pico.

LLEVADO EN GARRAS
Aves de presa, como el halcón, sostienen a su cría con las garras.

4 NUEVE DÍAS DE EDAD
Cuando los folículos de las plumas crecen más largos, las puntas de las plumas remeras empiezan a brotar. Las áreas de piel desnuda entre los mechones de plumas empezaron a desaparecer, cubiertas por las plumas que crecen. El nido está atestado, aunque para el paro azul cinco crías es una familia pequeña.

5 TRECE DÍAS DE EDAD
Casi a las dos semanas, las crías ya tienen plumas y los ojos abiertos. En otros cinco días, dejarán el nido y las aves jóvenes seguirán a sus padres algún tiempo, pidiendo comida mientras aprenden a buscarla. La independencia total llega cuando los padres empiezan los preparativos para otra nidada de huevos. Cuando las aves jóvenes notan que sus padres ignoran sus llamados para comida, se alimentan solas.

Cómo atraer pájaros

EN INVIERNO, UN AVE DE PERCHA como el petirrojo, consume una décima parte de su peso corporal para permanecer vivo en las horas de oscuridad. Con cada amanecer helado, el ave hambrienta debe encontrar comida pronto o muere. La mejor forma para atraer aves a tu jardín es proporcionándoles con regularidad comida en el invierno. Semillas, frutos secos, grasa, sobras de comida y agua ayudan a las aves y te permiten observarlas de cerca. Si mantuviste en tu jardín a las aves durante el invierno puedes persuadirlas para que se queden en el verano al propocionarles un sitio para anidar. Los hábitats naturales escasean, las cajas nido fuera del alcance de gatos son hogares para una variedad de aves.

El carbonero común y el paro azul son atraídos con nueces y grasa

ATRACCIÓN
Las aves tienen desconfianza innata hacia los humanos, pero se dice que San Francisco de Asís (aquí representado en vitral) atraía a las aves.

Tapa inclinada para proteger de la lluvia

Hoyo de 1.14 pulg (29 mm) de diámetro: mantiene alejadas a las aves grandes

Tapa con bisagras

CAJAS CON FRENTE ABIERTO
Petirrojos, papamoscas, reyezuelos y lavanderas prefieren cajas nido que les proporcionen buena vista cuando incuban. Estas aves anidan en vegetación densa y la caja necesita estar bien oculta. Esto ayudará a proteger a las aves de los gatos.

Percha

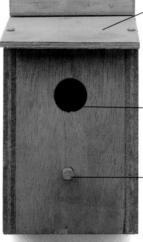

CAJAS DE GABLETE
El techo protege el nido de la lluvia, pero disminuye la circulación de aire. Las cajas nido no deben colocarse directamente bajo la luz del sol.

CAJAS SENCILLAS
Este diseño sencillo agrada a aves del bosque, como paros y trepadores azules. El hoyo chico mantiene fuera a los gorriones curiosos.

CAJAS ELEGANTES
Lo que gusta a los humanos no necesariamente gusta a las aves. Las cajas para aves con adornos innecesarios pueden alejar a las aves que buscan hogar. Si eliges una "caja casa" como ésta, asegúrate que sea sólida, que pueda limpiarse y que el techo proteja de la lluvia a la cámara para anidar.

Tapa movible para inspeccionar el nido

CAJAS TRONCO
Un tronco ahuecado es un hogar excelente para aves chicas del bosque. Esta caja no tiene percha, pero la corteza alrededor de la entrada es áspera para que las aves puedan asirse al aterrizar y elevarse.

Dos mitades de tronco ahuecadas y clavadas juntas forman la cámara para anidar

El comedero puede atraer a otras aves y molestar a las que anidan en la caja

COMEN GUSANOS
A las aves que comen insectos les resultan irresistibles estos gusanos. Los gusanos pueden criarse en recipientes llenos de salvado.

Carpintero picapinos alimentándose con cacahuates

Tapa con rosca para rellenar

Cacahuates

Percha

La malla de alambre mantiene los cacahuates adentro y a las aves grandes lejos

SURTIDOR DE NUECES
Los cacahuates naturales, *sin sal*, gustan a paros y verderones. Un surtidor colgante mantiene alejadas a aves más grandes.

Pelota de grasa y semillas

"Budín para aves" comercial

SEMILLAS SUELTAS
Mezclas de semillas son un alimento excelente, aunque las aves como los paros pueden alejarse con las semillas más grandes para comerlas solos.

PAN
Aunque no es comida ideal para aves, el pan es un recurso útil. El pan de centeno es mejor que el blanco para las aves.

PASTELES Y BUDINES DE SEMILLAS
De toda la clase de comida que puedes darle a las aves de jardín, los aceites y las grasas son más ricos en energía. Todas las semillas tienen aceites, pero pueden prensarse con más aceite o grasa para que sean un banquete para las aves. Esta forma de alimentación tiene otra ventaja. Como la comida está en un trozo sólido, las aves no se la pueden llevar y te dan oportunidad para observarlas cuando comen.

Pastel de semillas

El coco, un alimento de invierno para los acrobáticos paros azules

El hambre obliga a las aves a vencer la timidez en el invierno

Observación de pájaros

SÓLO EN EUROPA, incluidas las migrantes anuales, hay quizá 600 especies de aves. Un observador de aves experimentado puede reconocer a cualquier ave con sólo una silueta distante o unos segundos de canto. Esta habilidad es resultado de observar con detenimiento su forma y color y cómo viven.

Para acercarse a las aves se requiere habilidad y paciencia

AVISO Cuando observes a las aves, siempre evita molestarlas. Sé especialmente cuidadoso al observar o fotografiar a las aves con sus crías.

OBTÉN UNA LIBRETA
Las guías de campo son esenciales para identificar a las aves, pero una libreta es la mejor forma de entrenar tu vista para buscar las características de un ave. Si dibujas su plumaje, patrones de vuelo y anotas el comportamiento, ello te ayudará a aumentar tu conocimiento.

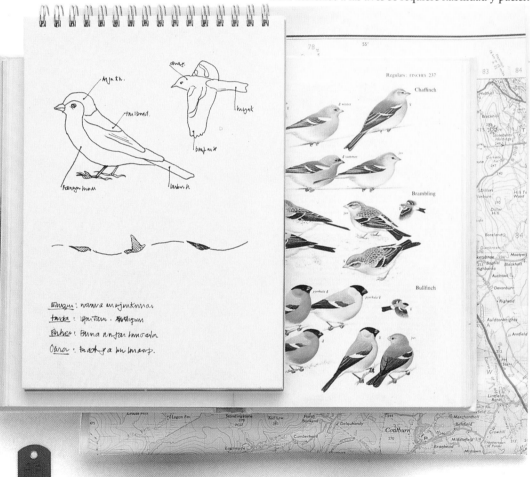

EQUIPO DE DIBUJO
No tienes que ser artista para dibujar aves. Una colección de lápices de colores te permitirá dibujar detalles, en lugar de escribir notas largas.

Regla para medir las plumas

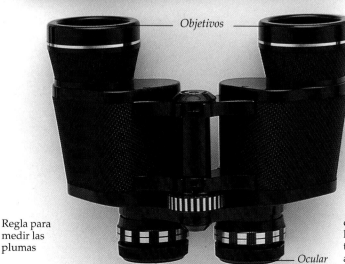

— Objetivos —

BINOCULARES
La observación seria de las aves es casi imposible sin unos buenos binoculares, pero "buenos" no significa muy poderosos. Para observar aves, los binoculares deben ser ligeros y tener buen aumento, junto con un campo visual amplio. Los binoculares pesados son incómodos y si amplifican más de diez veces, el campo visual es angosto y la imagen poco nítida. Esto dificulta localizar aves en movimiento. Los binoculares están graduados por el diámetro del objetivo y el aumento. Una de las mejores combinaciones de tamaño y aumento para observar aves es 8 x 30.

— Ocular

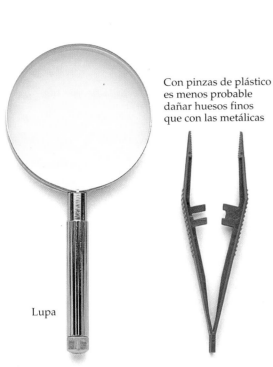

Con pinzas de plástico
es menos probable
dañar huesos finos
que con las metálicas

Lupa

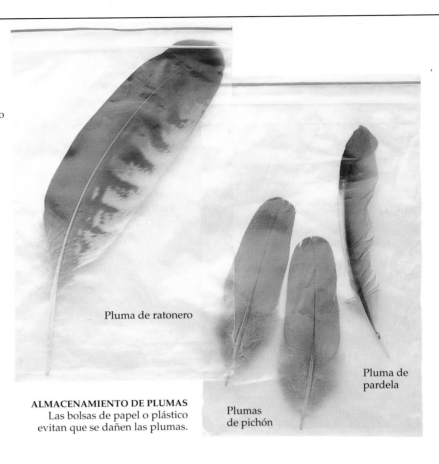

Pluma de ratonero

Pluma de
pardela

Plumas
de pichón

EQUIPO PARA EXAMINAR PELOTILLAS
Muchos de los restos animales dentro de las pelotillas
de las aves (pág. 42) son muy delicados y se dañan
con facilidad al abrir una pelotilla. Con lupa y pinzas
se pueden separar huesos chicos y dientes de la piel y
plumas sin romperlos.

ALMACENAMIENTO DE PLUMAS
Las bolsas de papel o plástico
evitan que se dañen las plumas.

USA UN ESCONDITE
Las aves detectan
de inmediato el
movimiento, pero
ignoran objetos fijos,
aunque parezcan
discrepantes para los
ojos humanos. Incluso
en campo abierto y
plano las aves aceptan
un escondite como
algo natural y se
acercan sin temor.

Plataforma para cámara

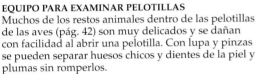

TRÍPODE
Las cámaras que
usan lentes de alto
alcance necesitan un
apoyo firme para evitar
que la imagen sea inestable.
Un trípode ligero es esencial.
También se usa para
montar binoculares.

ELECCIÓN DE LENTES
Con una lente común de
50 mm, las aves se ven
pequeñas y borrosas. Un
telefoto produce una
imagen más grande.

CÁMARAS PARA FOTOGRAFIAR AVES
Una cámara SLR de 35 mm es ideal para
fotografiar aves porque la imagen puede
verse exactamente a través del visor. Es
difícil fotografiar aves silvestres, en
especial en vuelo. Practica acercando el
sujeto, enfocando con rapidez y utiliza
la cámara con aves del jardín antes de
aventurarte a campo abierto.

Telefoto de
200 mm

¿Sabías que...?

HECHOS SORPRENDENTES

⚡ Hay más de 8,500 especies de aves en el mundo y viven en casi todas partes, desde icebergs hasta desiertos, y son los animales más diseminados. Dos tercios de todas las especies de aves se hallan en las selvas tropicales.

Hoactzín

⚡ El hoactzín tienen dos garras en cada ala. Cuando las crías salen del nido, usan sus garras para aferrarse a los manglares. Cuando crecen, pierden las garras. Nunca son muy buenos para el vuelo.

⚡ Las lechuzas no pueden girar sus enormes ojos. Giran la cabeza completamente para ver atrás.

⚡ Los cisnes tienen hasta 25,000 plumas, más que cualquier ave. Algunos colibríes son tan pequeños que tienen menos de 1,000 plumas.

Kiwí castaño

⚡ Los kiwís son únicos al tener las fosas nasales al final de los picos, por lo que pueden olfatear la comida, como son gusanos e insectos, en el suelo. A veces resoplan para limpiar las fosas nasales.

⚡ En lugar de cantar, el carpintero golpea su pico contra un árbol. Otros carpinteros saben de qué ave se trata por el sonido del golpeteo.

⚡ El ave más platicadora en el mundo es la cotorra africana gris. Una de estas aves era tan buena imitadora, que podía pronunciar 800 palabras.

⚡ El carricero poliglota es un talentoso imitador. Puede copiar el canto de más de 80 aves diferentes.

Secretario comiendo una serpiente

⚡ El secretario, que vive en los pastizales africanos, come serpientes. Las mata pisoteándolas y usa sus alas como escudo para protegerse de ser mordido.

⚡ El enorme pico del pelícano, como bolsa, puede contener hasta 2.2 galones (10 litros) de agua a la vez. El pico se encoge para sacar el agua, antes que el pelícano trague su presa.

⚡ El quebrantahuesos, un buitre, transporta huesos en el aire y los deja caer en las rocas. Se come los huesos quebrados y los lleva a la boca como un tragador de espadas de circo.

⚡ En lugar de hacer un nido, la telégala leipoa forma una enorme pila de composta en la que la hembra pone los huevos, que se incuban con el calor de la vegetación podrida.

⚡ Los sociales tejedores viven en un enorme nido comunal, como un almiar sobre la copa de un árbol. El nido puede tener 100 años, pesar unas toneladas y tener 400 aves viviendo ahí.

El cóndor usa sus alas gigantes para planear; casi no aletea

Cóndor

⚡ El cóndor de los Andes es el ave de presa más pesada; pesa hasta 26.5 libras (12 kg). Vuela en espiral alto en el cielo en termales calientes, elevándose desde las montañas abajo.

⚡ Los colores brillantes de las plumas de la cola del pavo real macho son una impresión causada por capas de pigmento que reflejan y descomponen la luz.

⚡ Como muchas hermosas aves macho, el ave del paraíso raggiana es polígama. Tan pronto hace pareja con una hembra, empieza a exhibirse de nuevo para atraer la atención de otra.

Ave del paraíso raggiana

PREGUNTAS Y RESPUESTAS

P¿Cuál es el ave silvestre más común en el mundo?

R La quelea de pico rojo es el ave silvestre más común en el mundo. Más de 1.5 mil millones viven en África, lo que significa que las queleas de pico rojo que hay representan una cuarta parte de las personas que hay en el mundo.

Peregrino

P¿Qué ave vuela con más velocidad?

R Cuando un halcón peregrino se avalanza sobre su presa en un descenso pro- nunciado, su velocidad es de más de 110 mph (180 kph). Es el ave más veloz.

P¿Cuánto tiempo viven las aves y cuál vive más?

R Un 75% de las aves silvestres viven menos de un año. Algunas aves grandes viven más tiempo. El albatros errante puede vivir hasta 80 años.

P¿Qué aves nadan mejor?

R El pingüino de pico rojo es el más rápido al nadar: alcanza velocidades de 22.3 mph (36 kph). El pingüino emperador permanece sumergido hasta 18 minutos.

Pingüino emperador

P¿Qué aves pasan más tiempo en el aire?

R El charrán sombrío es el ave más aérea. Despega sobre los océanos y vuela hasta 3 años sin posarse en agua o tierra. Los vencejos también pasan la mayor parte de sus vidas en el aire; sólo aterrizan para anidar. Incluso duermen en el vuelo, planeando en las corrientes de aire con las alas extendidas.

P¿Qué ave hace el recorrido más largo cuando migra?

R El charrán ártico recorre el mundo y regresa cada año, por lo que hace la migración anual más larga de cualquier ave. Vuela 25,000 millas (40,000 km) del Ártico a la Antártida y después regresa.

P¿Cómo encuentran su camino en el mundo las aves migrantes?

R Las aves migrantes siguen las mismas rutas cada año y nadie sabe con exactitud cómo. Quizá usan la posición del sol y las estrellas para ayudarse a encontrar su camino o siguen señales prominentes del paisaje abajo, como costas y montañas. Hay gente que piensa que usan los campos magnéticos de la Tierra para guiarse.

Envergadura de hasta 11.8 pies (3.63 m)

Albatros errante

P¿Por qué hay aves con alas enormes?

R El albatros errante tiene la envergadura más grande de cualquier ave. Pasa la mayor parte de su vida arriba del océano y planea en vientos ligeros usando sus enormes alas. Al poder planear mucho tiempo cubre grandes distancias sin usar mucha energía.

P¿Qué tan alto en el cielo pueden volar las aves?

R Muchos gansos y cisnes vuelan muy alto cuando migran. El ánsar calvo cruza el Himalaya, las montañas más altas del mundo, cuando migra de sus tierras de cría en verano hacia las tierras donde se alimenta en invierno en la India. Vuela a casi 5 millas (8,000 m) de altura, casi como los aviones de propulsión.

Los pingüinos usan sus alas chicas y rígidas como aletas para impulsarse en el agua

Récords

EL AVE MÁS GRANDE
El avestruz es el ave más grande y pesada. El avestruz macho tiene una altura de hasta 9 pies (2.7 m) y pesa hasta 353 libras (160 kg).

EL AVE MÁS CHICA
El colibrí de Cuba es el ave más chica en el mundo. Con 2.2 pulg (5.7 cm) de largo no es mucho más grande que un abejorro.

EL VUELO NIVELADO MÁS VELOZ
El vencejo tijereta y la serreta mediana (un pato) tienen el crédito de volar a 100 mph (160 kph) en vuelo nivelado.

EL AVE MÁS LENTA
La becada americana vuela a 5 mph (8 kph), más lento que cualquier otra ave.

EL NIDO MÁS GRANDE EN ÁRBOL
El águila calva construye el nido más grande en árbol: mide 9.5 pies (2.9 m) de diámetro.

EL NIDO MÁS CHICO
El zumbaflor construye el nido más chico. Sólo mide 0.6 pulg (1.5 cm) de diámetro.

Búho nival

Identificación de pájaros

Para facilitar la identificación, las aves se dividen en familias y luego en subgrupos más pequeños basados en cosas que tienen en común, como características físicas y comportamiento. Éstas son algunas de las diferentes familias de aves y sus características principales.

FAMILIAS DE AVES

AVES NO VOLADORAS

Este grupo incluye avestruces, ñandúes, casuarios y kiwíes. Hay dos tipos principales de aves no voladoras. Las avestruces y sus parientes son aves grandes con patas y cuellos largos. Muchas viven en planicies y escapan de los depredadores corriendo. El segundo grupo lo forman aves más chicas del tamaño del pollo, como el kiwí que vive en el suelo y se oculta en refugios. Algunas son nocturnas.

Con piernas fuertes y patas con dos dedos el avestruz corre veloz

Avestruz

Plumas largas, sueltas y ásperas en las alas

Patas fuertes y dedos gruesos y cortos

Ñandú

AVES ZANCUDAS GRANDES

Las aves zancudas, como garzas, espátulas, garcillas y flamencos, son aves grandes con patas, cuellos y picos largos y dedos delgados. Sus alas son anchas y pesadas. Vuelan bastante rápido, con aleteo lento y constante. Las zancudas comen principalmente peces y crustáceos chicos. Las formas de sus picos varían dependiendo de cómo atrapan su comida.

Pico en forma de espátula con punta redondeada, que mueve de un lado a otro en el agua

Espátula rosada

Patas que parecen zancos, típicas de aves zancudas grandes

Flamenco juvenil

Pico en forma de daga, característico de muchas aves que comen peces

Garzota lomo negro

AVES ACUÁTICAS

Cisnes, gansos y patos son aves acuáticas; viven cerca de estanques, lagos y ríos. Tienen patas con membranas, tres dedos que apuntan hacia adelante y picos como de pato. Los cisnes son los más grandes del grupo. Los gansos son los más chicos, vuelan en formación "V" y llaman graznando. Los patos tienen cuellos cortos. Sus patas están atrás en sus cuerpos, y se contonean.

Cuello largo y flexible y plumaje blanco como la nieve

Cisne mudo

Cuerpo robusto y postura erguida, típicos del ganso

Ganso chino

Las marcas, como un uniforme, distinguen a un tipo de pato de otro

Tarro blanco

FAMILIAS DE AVES

AVES DE PRESA

Se les llama también aves de rapiña. Son cazadoras carnívoras con picos fuertes en forma de gancho, vista excelente y patas largas armadas con fuertes garras. Atacan primero las patas de la presa, la atrapan con las garras y la desgarran con el pico. Un grupo de aves de presa es el de los halcones, como el cernícalo. El segundo grupo incluye halietos, águilas, ratoneros, halcones, aguiluchos y milanos.

Alas diseñadas para planear mientras exploran el suelo en busca de presa

Cernícalo

Poderoso pico ganchudo

Águila calva

AVES DE CAZA

Faisanes, urogallos, perdices y codornices son aves de caza. Con tamaño de pollos, tienen cuerpos vigorosos y cabezas chicas, con picos también como de pollo. Pasan la mayor parte del tiempo en el suelo; se alimentan de semillas y vuelan cuando están en peligro; saltan recto y despegan con un estilo distintivo.

Plumas largas de la cola

Alas cortas redondeadas

Faisán dorado

AVES COSTERAS Y ZANCUDAS

Este grupo grande de aves incluye gaviotas, charranes, aves zancudas chicas, frailecillos y araos. Casi todas tienen patas larguiruchas, cuerpos compactos y picos largos. Viven en costas, pantanos y tierras bajas inundadas por la marea. Algunas se alimentan en la orilla del agua y otras capturan su comida en el mar.

Alas largas y angostas para vuelo rápido

Charrán ártico

LOROS

La familia del loro incluye loros, periquitos australianos, cacatúas y guacamayas. Son aves coloridas y ruidosas que viven en selvas tropicales o en planicies. Los loros tienen picos ganchudos fuertes y cuatro dedos, dos al frente y dos atrás. La mayoría se alimenta de frutos secos, bayas, hojas y flores. Suelen vivir en parvadas y se gritan entre ellos.

Pico ganchudo y fuerte que puede romper frutos secos

Guacamaya

Plumaje de color brillante

Cotorra rizada

LECHUZAS

Las lechuzas son depredadores nocturnos, con cabezas grandes y redondas, caras planas y picos ganchudos. Sus grandes ojos redondos les dan una visión nocturna excelente. Sus plumas del ala son ribeteadas para vuelo silencioso y con sus garras filosas atrapan presas.

Lechuza gavilana sureña

MARTÍN PESCADOR Y ABUBILLA

Este grupo incluye también al cálao, martín cazador, carraco y abejaruco. Casi todas las aves de este grupo son carnívoras y viven en el suelo. Tienen plumaje de colores distintivos y picos grandes. Muchas se alimentan de insectos y otras de animales chicos. El martín pescador se sumerge en agua dulce para capturar peces.

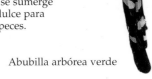

Abubilla arbórea verde

AVES DE PERCHA

Esta familia de aves contiene a más de la mitad de todas las especies de aves, incluyendo golondrinas, zorzales, currucas, paros y cuervos. Tienen cuatro dedos en cada pata, tres apuntan hacia adelante y uno hacia atrás, para asirse con firmeza de las ramas.

Paro azul

Oriol o bolsero

Descubre más

EN CUALQUIER SITIO QUE VIVAS siempre habrá aves para observar. Puedes aprender mucho sobre ellas simplemente observando las del área cercana a tu casa. Para ver variedades diferentes, necesitas visitar distintos hábitats. Una caminata por el campo o junto al mar te permitirá conocer nuevas especies interesantes. Podrías visitar reservas de aves, santuarios y zoológicos para estar en contacto con aves más raras.

SANTUARIOS DE AVES
Visitar santuarios de aves, como éste de halcones en Hampshire, Inglaterra, te brinda la oportunidad de ver aves raras y nocturnas, como halcones y lechuzas. Estas organizaciones dan también demostraciones de vuelo.

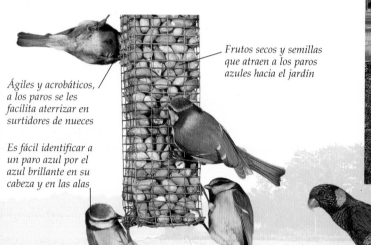

Ágiles y acrobáticos, a los paros se les facilita aterrizar en surtidores de nueces

Es fácil identificar a un paro azul por el azul brillante en su cabeza y en las alas

Frutos secos y semillas que atraen a los paros azules hacia el jardín

Paros azules

Cisnes en un centro de aves silvestres

TIERRAS HÚMEDAS
Lagos, ríos, pantanos y ciénagas son hogar de gran variedad de aves, desde cisnes y patos, hasta garzas y cigüeñas. Ahí abunda la comida y hay sitios seguros para anidar en cañaverales y en las orillas. Muchas aves descansan en áreas húmedas al migrar.

PARQUES Y JARDINES
Los parques y los jardines en pueblos y ciudades son buenos sitios para ver diferentes aves. Con sus árboles, arriates y estanques, proporcionan una riqueza de hábitats diferentes. Al poner comida para las aves, puedes atraer a diferentes especies a tu jardín, balcón o ventana, en especial en el invierno, cuando escasea la comida en el campo.

ZOOLÓGICOS
Uno de los mejores sitios para ver aves exóticas y tropicales es en los aviarios de los zoológicos. Muchos zoológicos grandes tienen diferentes aviarios para aves de distintos hábitats. Lorikeet Landing, en el Zoológico de San Diego, es un aviario chico donde parvadas de loris vuelan entre los visitantes, que pueden comprar vasos de néctar para alimentar a las aves.

Loris en el Zoológico de San Diego, California

Sitios para visitar

PANTANOS CLEY, NORFOLK, UK
Amplia variedad de aves, en especial zancudas y migrantes raras de invierno.

ISLAS FARNE, NORTHUMBERLAND, UK
Reproducción de aves marinas, en primavera.

BOSQUE DE DEAN, GLOUCESTERSHIRE
Muchas especies en bosques de robles.

ISLA DE MULL, STRATHCLYDE, ESCOCIA
Aves de rapiña, en especial águilas doradas.

MINSMERE, SUFFOLK, UK
Una de las mejores reservas, con escondites donde puedes mirar gran variedad de aves.

SLIMBRIDGE WILDFOWL TRUST, GLOUCESTERSHIRE, UK
Patos, gansos, cisnes y migrantes de invierno.

Rosela roja

SELVAS TROPICALES
En vacaciones, vale la pena visitar los parques nacionales en diferentes sitios para ver especies de aves y plantas nativas que no puedes ver en casa. Los bosques pluviales y de eucaliptos en el Parque Nacional de Lamington, en Queensland, Australia, son hogar de muchas especies de coloridas aves tropicales. Ahí verás cacatúas, loris, aves lira y roselas rojas, que se alimentan con fruta, flores e insectos que abundan todo el año.

Colonia de alcatraces

COSTA Y RISCOS
La costa es un buen sitio para ver gaviotas y otras aves marinas, en especial durante la temporada de reproducción en la primavera. Muchas aves anidan en riscos e islas rocosas donde sus huevos y crías están a salvo de depredadores. Las dunas y playas son también sitios donde anidan las aves. Busca zancudas que se alimentan con gusanos y mariscos en aguas poco profundas de estuarios, en particular en el invierno.

BOSQUES
Con muchos botones, bayas, semillas e insectos para comer y lugares seguros para anidar, los bosques y las áreas arboladas proporcionan un hábitat rico para las aves. Más aves viven en tierras arboladas deciduas que en los bosques oscuros de coníferas, pues ahí hay gran variedad de árboles y es más cálido y húmedo. Muchas aves viven juntas en áreas boscosas porque hay comida en diferentes niveles en los árboles y comparten la disponible. Algunas anidan en los hoyos de los árboles.

Carpintero de frente dorada

SITIOS ÚTILES EN LA WEB
- The Hawk and Owl Trust trabaja para proteger a aves de presa silvestres y sus hábitats: **www.hawkandowl.org**
- La Sociedad Española de ornitología una institución para la conservación de aves: **www.seo.org**
- RSPB (Royal Society for the Protection of Birds) tiene una sección llamada RSPB Wildlife Explorers: **www.rspb.org.uk/youth**

Identificación de aves por su silueta al volar

El tamaño y la forma de las alas de un ave son adecuados para su estilo de vida. Observa estas siluetas para identificar las aves que ves.

ALAS ESTRECHAS TRAPEZOIDALES
Las aves de vuelo veloz (aviones, golondrinas y vencejos) tienen alas delgadas y ahusadas y colas horquilladas para maniobrar rápido.

Golondrina

ELEGANTES ALAS LARGAS
Charranes y otras aves marinas que pasan mucho tiempo en el aire tienen alas largas, angostas y puntiagudas, que les permiten planear en corrientes de aire.

Charrán

ALAS APUNTAN HACIA ATRÁS
Los halcones y otras aves chicas de presa tienen colas estrechas y alas angostas y puntiagudas que apuntan hacia atrás para vuelo de alta velocidad.

Halcón

GRAN ENVERGADURA
Las planeadoras de largas distancias, como albatros y pardelas, tienen alas muy largas, angostas y puntiagudas. Planean sobre el mar abierto en corrientes cálidas de aire que se eleva.

Albatros

DEDOS EMPLUMADOS
Águilas, ratoneros y buitres tienen alas grandes y anchas con "dedos" extendidos en las puntas para planear a baja velocidad y elevarse.

Águila

ALAS CORTAS REDONDEADAS
Gavilanes, grajos y aves de bosques tienen alas cortas, anchas y redondeadas para volar con facilidad desde los árboles y hacia éstos. Usan la cola como freno para aterrizar.

Gavilán

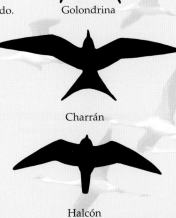

Glosario

Colonia de alcatraces

ABATIRSE Bajar en picada (ave de presa).

ACICALAR Forma en la cual las aves mantienen en buen estado las plumas, limpiándolas y alisándolas con el pico.

AERODINÁMICA Sección transversal del ala que permite volar al ave. El ala es plana abajo y por arriba es ligeramente curva. El flujo de aire arriba y abajo del ala impulsa la elevación.

ÁLULA Mechón de plumas en el borde principal del ala del ave, que se eleva y evita que se atore al disminuir la velocidad.

AVE DE CAZA Amplia variedad de aves con patas membranosas que viven en el agua o cerca de ésta, como patos, gansos y cisnes.

AVE MARINA Pasa la mayor parte del tiempo sobre mar abierto y sólo llega a tierra para reproducirse.

BANDA Marca de color natural en una pluma o en un grupo de plumas.

BARBAS Pequeñas ramas del cañón central que forman la pluma del ave.

Pluma corporal

BUCHE Extensión del estómago del ave, en forma de saco, usada para almacenar la comida. Ahí transportan comida al nido.

CAMUFLAJE Color y forma de las plumas de un ave que imita su entorno.

CARROÑERA Ave, como el buitre, que busca animales muertos para comer.

CASCO Protuberancia ósea dura sobre la cabeza de un ave (casuario) o en su pico (casquillo).

CHAPOTEO Forma en que se alimenta un pato, abriendo y cerrando el pico mientras se desliza por la superficie del agua.

COBERTERAS Plumas chicas que cubren la base de las plumas remeras principales.

COLONIA Grupo grande de aves que, viven juntas en un mismo sitio para reproducirse o posarse, o el sitio donde viven.

CORTEJO Comportamiento de las aves cuando encuentran pareja antes de aparearse. Puede consistir en movimientos especiales, danza o cantos.

CREPUSCULAR Activo en el crepúsculo o antes de amanecer, con luz tenue.

CRIAR Poner huevos y cuidar los polluelos.

DIENTE DE HUEVO Estructura chica en la punta del pico superior del polluelo, para romper el cascarón y salir; se cae luego que sale del cascarón.

DISTRIBUCIÓN Todas las áreas en las que un ave es vista con regularidad.

DIURNO Activo en el día, cuando hay luz.

EMPLUMADO Tener todas las plumas.

ESCONDITE Estructura donde la gente puede ocultarse para observar las aves sin que la vean y sin molestarlas.

ESPECIES Grupo de aves similares que pueden reproducirse juntas y tener crías.

ESPÉCULO Mancha blanca o de color brillante que algunos patos tienen en cada ala.

EXHIBICIÓN Patrón notorio de movimientos usados para comunicarse con otras aves de la misma especie durante el cortejo o bajo amenaza.

EXTINCIÓN Proceso por el cual los seres vivos, como el dodo, dejan de existir.

GARRAS Uñas filosas y curvas de un ave de presa.

GUÍA DE CAMPO Libro de bolsillo que ayuda a identificar diferentes aves.

HÁBITAT Tipo de ambiente donde está normalmente un ave, como tierra húmeda, bosque o pastizal.

HUECO Hoyo de un nido en el suelo donde el ave pone sus huevos.

INCUBACIÓN Proporcionar calor constante a los huevos para que los polluelos puedan desarrollarse en el interior. Casi todas las aves incuban sus huevos posando sobre éstos para mantenerlos calientes.

INVERTEBRADO Tipo de animal chico que no tiene espina dorsal, como gusanos, insectos, arañas o cangrejos.

Crías de paro azul

IRIDISCENTE Brillo de algunas plumas u objetos que parece cambiar de color dependiendo de la dirección de donde llega la luz.

JOVEN Ave que no tiene edad suficiente para reproducirse. Su plumaje suele diferir en color y diseño del plumaje del adulto.

LEK Sitio comunal de exhibición donde las aves macho de algunas especies se reúnen para exhibirse ante las hembras durante la temporada de reproducción.

Polluelo saliendo del huevo

Escondite en reserva de aves

PLUMAJE EMPOLVADO
Plumas especiales de algunas
aves, como garcillas y garzas,
que se desintegra para formar
un polvo que el ave usa para
limpiar su plumaje y mantenerlo
en buen estado.

PLUMAJE JUVENIL Primeras
plumas de un ave con las que
abandona el nido.

PLUMAS CORPORALES
Llamadas también de contorno.
Son plumas chicas que se
sobreponen en la cabeza y
el cuerpo de un ave
y le dan forma
aerodinámica.

Ave marina en vuelo

REGURGITAR Llevar de nuevo a la boca
comida ya tragada. Muchos padres alimentan
a sus crías con comida regurgitada.

SALIR DEL CASCARÓN Proceso por
el cual el polluelo rompe el huevo con
el diente de huevo de su pico.

SECUNDARIA Una de las plumas
remeras interiores.

Pelotillas

**PLUMAS DE LA
RABADILLA** Plumas
suaves arriba de la base
de la cola del ave.

REMERAS PRIMARIAS Plumas
remeras largas en la mitad externa de
las alas del ave, que usa para dirigir
y girar.

PLUMAS REMERAS Plumas largas que
forman las alas de un ave y que usa para
volar. Se agrupan en remeras primarias
(en el exterior del ala) y remeras secundarias
(en el interior del ala).

PLUMÓN Plumas muy suaves y finas que
atrapan el aire cerca del cuerpo del ave y
ayudan a mantenerla caliente.

POLLUELO Ave bebé que aún está
en el nido y no puede volar.

POSARSE Acomodarse
para descansar,
generalmente en la noche.

PRECOCIALES Polluelos
que al salir del cascarón
tienen plumas y los ojos
abiertos y pronto dejan el nido.

DEPREDADOR Ave o animal
que mata a otras aves o animales
para comer.

PRESA Ave o animal cazado
y matado por otro animal.

QUERATINA Tipo de proteína
de la que se forman plumas, pelo,
uñas y pezuñas.

QUILLA Extensión grande,
como una placa, de la pechuga
de un ave, que sostiene en su
sitio los músculos de las alas.

RABADILLA Parte baja del
lomo de un ave, arriba de la cola
y abajo de las alas cerradas.

CÁLAMO Cañón largo y hueco
central de la pluma de un ave.

MANCHA DE CRÍA Área de piel sin
plumas en la parte inferior del cuerpo
del ave, que coloca contra sus huevos para
mantenerlos calientes durante la incubación.

MANDÍBULA Una de las dos partes del
pico de un ave. La mandíbula superior es
la parte de arriba del pico y la inferior es
la parte de abajo.

MERODEAR Revisar un área en busca
de comida.

MIGRANTE Ave que viaja de su área
de alimentación a su área de reproducción,
una vez al año, y luego regresa.

MIGRAR Viajar de un sitio a otro en
busca de suficiente comida o de sitio
para reproducirse.

MOLLEJA Cámara muscular en el
estómago de un ave, donde hace pulpa
el material vegetal que comió.

MUDA Desechar las plumas desgastadas
y desarrollar nuevas en su lugar.

NÉCTAR El líquido dulce que produce una
flor para atraer aves e insectos para que se
alimenten de sus flores y la polinicen al
mismo tiempo.

NIDADA Número total de huevos
incubados por el ave madre o pareja
de aves en cualquier momento.

NOCTURNO Activo en la noche.

ORNITÓLOGO Persona que estudia
las aves. Los ornitólogos profesionales
trabajan en observatorios de aves, museos
y universidades o para organizaciones
de conservación.

PARVADA Grupo de aves de la misma
especie que vuelan o se alimentan juntas.

PELOTILLA Trozo duro de restos de
comida no digerida, como piel y huesos,
que las aves, como las lechuzas, expulsan.

PENACHO Parte superior de la cabeza de
un ave.

PLUMAJE Plumas de un ave.

TEMPORADA DE CRÍA Época del año
en que las aves se aparean, hacen nidos,
ponen huevos y crían polluelos.

TENDÓN Banda de tejido que une músculo
a un hueso.

TERCIARIAS Plumas remeras más internas
de un ave, que moldean el ala en el cuerpo
para asegurar un vuelo suave.

TERMAL Columna de aire caliente que se
eleva, a menudo en el borde de un risco o
colina, donde planean las aves para elevarse.

Ganso acicalando sus plumas

TERRITORIO Área ocupada
por un ave que defiende de
otras aves de la misma especie.

TIERRAS HÚMEDAS Pantanos
y otras áreas húmedas de tierra.

VERTEBRADO Cualquier animal con
espina dorsal. Las aves son vertebrados.

VISIÓN BINOCULAR Área de visión en
la que los campos visuales de ambos ojos
se sobreponen. Permite que las aves juzguen
con precisión distancias.

VISIÓN MONOCULAR Área vista por un
solo ojo, en lugar de que ambos ojos trabajen
juntos. En la visión monocular los campos
de visión de ambos ojos no se sobreponen.

VOLANTÓN Ave joven que tiene sus
primeras plumas y dejó el nido. Quizá
no puede volar recto.

Índice

Reconocimientos

Dorling Kindersley agradece a:
Phyilip Amies; el personal del Departamento de Historia Natural del Museo de la Ciudad de Bristol; el personal del Museo Británico de Historia Natural en Tring; Martin Brown del Wildfowl Trust, Slimbridge; y Rosemary Crawford por su consejo e invaluable ayuda al proporcionar especímenes.
Steve Parker y Anne-Marie Bulat por su trabajo en las etapas iniciales del libro.
Fred Ford y Mike Pilley de Radius Graphics, y Ray Owen y Nick Madren por los dibujos.
Tim Hammond por asistencia editorial.

Nota del Editor
Ninguna ave fue lesionada ni maltratada de ninguna manera durante la preparación de este libro.

Créditos fotográficos:
ar. = arriba; ab. = abajo; c. =centro; i. = izquierda; d. = derecha
Ardea London: Tony & Liz Bomfod 14c.d.
Bridgeman Art Library: 13ar.d.; 28ar.d.; 52ar.; 61ab.
Bruce Coleman Ltd: 64c.i.; Johnny Johnson 65ab.i.; Gordon Langsbury 13ab.; 14ab.; Allan G. Potts 69ar.d.; Robert Wilmshurst 15ab.
Mary Evans Picture Library: 6ab.i., ab.d.; 9ar.d., c.d.; 10ar., c.d., ab.; 20ab.i.; 24ar.; 26ar.; 30c.d.; 32c.; 36ar., c.d.; 38ar.; 41ar.; 54ar.i., ar.d., ab.i.; 56ar.; 58ab.
Gables: 66-67ab.c.i., 70-71ab.c.i.
Sonia Halliday: 60ar.d.
Robert Harding: Brian Hawkes 47ar.
Frank Lane Picture Agency: 12ab.i.; 14c.; 16ar.; 29ar., c.i.; 33ab.; 35ar.d.; 37c.d., ab.i., ar.i.; 46c.; 47c.; 60ar.i., c.; 63; R. Austing 32ab.d.; C.

Carvalho17ar.; J.K. Fawcett 12c.d.; T. & P. Gardner 21ab.i.; John Hawkins 13ar.i.; 19ar.i.; 35c.; Peggy Heard 61c.; R. Jones 17c.; Derek A. Robinson 8c.; 47ab.; H. Schrempp 32ab.i.; Roger Tidman 36ar.d.; B.S. Turner 42ar.; R. Van Tidman 37ab.d.; John Watkins/ Tidman 33c.i.; Rober Wilmshurst/ Tidman 12 ab.d.; 46ar.; 49ar.; W. Wisniewski/ Tidman 37c.i.; J. Zimmermann/ Tidman 31ar.d.; 36ab.
Museo de Historia Natural: 70c.i., c.d., ab.i.; 71c.ar., ar.i.
NHPA: Bruce Beehler 64ab.d.; G.I. Bernard 21c.i.,c.d.; Manfred Danegger 13c.; Hellio & Van Ingen 40ab.; Michael Leach 34c.; Crimson Rosella 69ar.i.; Jonathan y Angela Scott 64c.; Philip Wayre 19ab.d.; Alan Williams 68c.d.
Mansell Collection: 6ar.; 10c.i.; 34ar.; 54c. **Oxford Scientific Films:** Richard Herrmann 68ab.c.; Ronald Toms 68ar.i.
Pickthall Library: 15ar.

Planet Earth Pictures: A.P. Barnes 15c.
Press-Tige Pictures: 12c.d.
Science Photo Library: Sinclair Stammers 6c.
South of England Rare Breed Centre: 66c.d.ab.
Survival Anglia: Jen & Des Bartlett 54ab.d.; Jeff Foott 31c.d.
Alan Williams: 71ar.i.
Jerry Young: 66ar.i.

Créditos de la portada:
Bruce Coleman Ltd: Frente (imagen principal).
Museo de Historia Natural: frente ar.c., ar.d., ar.d.; vuelta ab.i., ab.d. (ambas), c.i.ab., c.d., d.r, ar.i.

Ilustraciones: Mick Loates de Linden Artists, Coral Mula y Will Giles.
Investigación iconográfica: Millie Trowbridge.
Otras ilustraciones © Dorling Kindersley. Más información en: www.dkimages.com